Stefan Eckl

Das politische Vertrauen in das Parlament am Beispiel des Deutschen Bundestages

Stefan Eckl

DAS POLITISCHE VERTRAUEN IN DAS PARLAMENT AM BEISPIEL DES DEUTSCHEN BUNDESTAGES

ibidem-Verlag
Stuttgart

Die Deutsche Bibliothek - CIP-Einheitsaufnahme:

Ein Titeldatensatz für diese Publikation ist bei
Der Deutschen Bibliothek erhältlich

∞

Gedruckt auf alterungsbeständigem, säurefreien Papier
Printed on acid-free paper

ISBN: 3-89821-043-X
© *ibidem*-Verlag
Stuttgart 2000
Alle Rechte vorbehalten

Printed in Germany

- 5 -

Inhalt

Tabellenverzeichnis

Abbildungsverzeichnis

1 Einleitung

1.1 Stabilität und Vertrauen

Die Bundesrepublik Deutschland feierte jüngst ihr 50jähriges Bestehen. Aus diesem Anlaß brachte die Zeitung DAS PARLAMENT eine Sonderausgabe „50 Jahre Bundesrepublik Deutschland". An sich ist an dieser Tatsache nichts ungewöhnlich, jedoch stach eine Überschrift hervor. Renate KÖCHER stellte sich folgende Frage: „Hat Deutschland eine gefestigte Demokratie?" Darin stellt sie fest, daß nach 50 Jahren Grundgesetz und parlamentarischem Regierungssystem die Demokratie in Deutschland zwar gefestigt sei, die Bürger in Ost und West in ihrer Mehrheit das demokratische System befürworten und rund zwei Drittel überzeugt davon seien, „daß sich dieses politische System bewährt" (KÖCHER 1999: 14) habe. Jedoch seien insgesamt Zweifel an dieser breiten Zustimmung angebracht, da nach genauerem Nachfragen Risse auftauchen würden, „die Zweifeln lassen, ob die deutsche Demokratie schon die Reife erreicht hat, die enttäuschungsfest und unverführbar macht" (KÖCHER 1999: 14). Im folgenden führt sie einige statistische Daten an, die diese Hypothese untermauern sollen. Hier nur einige Sätze (KÖCHER 1999: 14) aus den Schlußfolgerungen:

> „Die ostdeutsche Bevölkerung fühlt sich in diesem Wirtschafts- und Gesellschaftssystem nach wie vor nicht zu Hause, identifiziert sich weder mit dem Rechtssystem noch mit den Institutionen der Bundesrepublik. Besonders das Vertrauen in das Wirtschaftssystem ist in den letzten Jahren kontinuierlich erodiert, das Vertrauen in das politische System gar nicht erst gewachsen."
>
> „Die repräsentative Demokratie ist von ihrer Konstruktion her ein System, das auf Vertrauen baut. Erodiert das Vertrauen in die politische Klasse oder die Institutionen, wird das Fundament der politischen Ordnung brüchig."

Ob die Schlußfolgerungen KÖCHERs in dieser Art und Weise gerechtfertigt sind, soll an dieser Stelle vorerst offen bleiben, da dies Gegenstand der noch folgenden Analyse sein wird (siehe Kapitel 4.3). Vielmehr soll das Augenmerk auf eine zentrale Kategorie der Stabilität eines politischen Systems gerichtet werden, nämlich auf die politische Unterstützung durch die Bevölkerung.

Danach wird (zumindest in der empirischen Demokratietheorie) angenommen, daß jedes demokratische System ein Mindestmaß an politischer Unterstützung braucht, um sich an Umweltveränderungen anpassen und gleichzeitig überleben zu können: „No system can persist without a minimal level of support" (EASTON 1965: 162). Dabei wird der Bewertung der Demokratie durch die Bürger ein zentraler Stellenwert beigemessen, da das Prinzip der Demokratie als eine durch die Zustimmung der Bevölkerung legitimierte Herrschaftsordnung durch das Fehlen von Unterstützung ad absurdum geführt würde (vgl. ALMOND / VERBA 1965; EASTON 1965, 1965b, 1975; FUCHS 1981, 1989; GABRIEL 1986; MULLER / SELIGSON 1994; LIJPHART 1994). Diese Bewertungen der Bevölkerung sind nunmehr Gegenstand der Analyse politischer Kultur[1] in demokratischen Regimen; folgt man der wissenschaftlichen Literatur, werden folgende Begriffe synonym verwendet: politische Unterstützung, politisches Vertrauen, Zufriedenheit, Konsens, Effektivitäts- und Legitimationsglaube, Akzeptanz und Anerkennung. Allen gemein ist, daß sie sich an den Terminus „politische Unterstützung" anlehnen, der im Konzept von David EASTON (1965; 1965b; 1975) gebraucht wird.

Global wird davon ausgegangen, daß ein demokratisch verfaßtes System immer stabiler wird, je höher das Ausmaß der positiven Bewertung durch die Bevölkerung ist. Die Funktionen der politischen Unterstützung sind dabei auf der Systemebene die Integration der Mitglieder in die politische Gemeinschaft und die Schaffung des Handlungsspielraums zur Erfüllung der politischen Aufgaben. Unterstützung wird folgendermaßen definiert: „We can say that A supports B either when A acts on behalf of B or when he orients himself favorably toward B. B may be a person or group; it may be a goal, idea, or institution" (EASTON 1965: 159).

---

[1] als politische Kultur beschreiben ALMOND / VERBA (1965: 13) „the particular distribution of patterns of orientation toward political objects among the members of the nation". Orientierungsmuster und politische Objekte bilden die Grundlage für die Beschreibung und Typologisierung einer politischen Kultur.

Unterstützungsobjekte nach EASTON sind hierbei die politische Gemein-schaft, das politische Regime sowie die politische Autoritäten, also die Inha-ber der Macht- und Autoritätsstrukturen des politischen Systems. Das Unter-stützungsobjekt „Autoritäten" und bestimmte Regime-Elemente (z.b. politi-sche Institutionen) lassen sich nun in das Konzept von ALMOND / VERBA in-tegrieren und tragen zur Bestimmung des Typus einer vorherrschenden poli-tischen Kultur bei.

Nach der Herstellung der deutschen Einheit vor rund zehn Jahren stellte sich daher die Frage, ob mit dem strukturellen Wandel auch ein kultureller Wandel vonstatten ginge. Stabilität und Persistenz sowie die politische Integration Deutschlands hängen „maßgeblich davon ab, daß sich in beiden Teilen Deutschlands – wenigstens nach einer gewissen Übergangsphase – weitge-hend übereinstimmende politische Einstellungen und Verhaltensweisen her-ausbilden" (WALZ 1997: 147). Die Kongruenz von politischer Kultur und poli-tischer Struktur werden in diesem Zusammenhang als Kernelemente der poli-tischen Stabilität angesehen (vgl. ALMOND / VERBA 1965).

Gerade der Regimewechsel stellte die Bevölkerung in den neuen Bundeslän-dern vor die Herausforderung, mit einer neuen politischen Struktur zurecht zu kommen. Der durch die Vereinigung der beiden Teile Deutschlands in Gang gebrachte Transformationsprozeß konfrontierte die Bürger mit staatlichen In-stitutionen, „mit denen sie bis dahin keine konkreten, sondern bestenfalls medienvermittelte Erfahrungen gemacht haben" (KRÜGER 1995: 247). Daher erhält die Frage nach Kongruenz von politischer Kultur und politischer Struk-tur in diesem Zusammenhang nochmals besondere Relevanz.

Für die Bundesrepublik liegt zum Thema „Unterstützung der Demokratie" nunmehr umfangreiche Literatur vor (z.B. FUCHS 1989, 1997, 1998; GA-BRIEL 1989, 1999b; GABRIEL / VETTER 1999; WESTLE 1989). Allen Arbei-ten ist gemein, daß sie annehmen, die Stabilität einer Demokratie sei auch dann nicht gefährdet, wenn staatliche Autoritäten, Herrschaftsträger und Insti-tutionen in der Kritik der Öffentlichkeit stünden. Ein konstruktiver Dissens sei in einer pluralistischen Gesellschaft nahezu unvermeidlich. Ein weiteres wich-tiges Merkmal sei der Empfänger politischen Vertrauens, also wem das Ge-währen oder Entziehen der politischen Unterstützung gelte: den amtierenden

Herrschaftsträgern oder der politischen Ordnung an sich. Eines dieser möglicherweise in Frage gestellten Organe ist dabei der Deutsche Bundestag.

1.2 Die Rolle des Bundestages im Institutionengefüge der Bundesrepublik

1.2.1 Einführung

Parlamente repräsentieren das Volk, welches damit der Träger der Souveränität und Macht im Staate ist. Die Verbindung der Prinzipen der Volkssouveränität und der Repräsentationsidee stammen aus den „verfassungspolitischen Kämpfen des 19. Jahrhunderts" (OBERREUTER 1992: 307), woraus sich die freie Wahl der Volksvertreter und deren Ausstattung mit weitreichenden Kompetenzen ergab. Das Parlament, also die Volksvertretung, nimmt eine zentrale Position in den modernen liberal-demokratischen Theorien ein. Volksvertretungen haben danach in einem demokratischen Regierungssystem vielfältige Aufgabe zu erfüllen. Die Kernaufgaben sind hierbei (vgl. OBERREUTTER 1992: 309):

- Zugriff auf die Staatsleitung und somit die Gewähr dafür, daß die Regierung keine Politik ohne Rückbindung an eine parlamentarische Mehrheit machen kann,

- Politische Führung und Responsivität als ständige Rückkopplung mit der Öffentlichkeit,

- Lösung der Probleme der Gesellschaft.

Neben den hier aufgeführten Funktionen hat sich der Praxis eine Weiterentwicklung ergeben, die die strikte Trennung von Regierung und Parlament als getrennte Organe z.t. aufhebt und damit dem Parlament neue Aufgaben zukommen läßt. Die Rede ist hier vom sog. Neuen Dualismus und der „stärkeren Verschmelzung von Legislative und Exekutive" (DÖRING 1992: 338). Gemeint ist die Einbeziehung der an der Regierung beteiligten Parteien im Parlament, die durch Gesetzesinitiativen etc. „ihre" Regierung unterstützen. Die Frontstellung verläuft zunehmend nicht mehr zwischen Parlament und

Regierung, sondern zwischen Regierungsmehrheit und Opposition (vgl. PATZELT 1997: 172ff.).

Die Regierungsfraktionen im Parlament unterstützen die politischen Handlungen der Regierung und sichern somit die „Einheit des politischen Handelns von Regierungsfraktion(en) *und* Regierungsmannschaft" (PATZELT 1997: 173). Die Opposition im Parlament wird dann folglich das einzige Widerlager zur Regierung.

1.2.2 Funktionen des Bundestages

Der Deutsche Bundestag nimmt im parlamentarisch-demokratischen politischen System der Bundesrepublik Deutschland eine zentrale Rolle ein. Seine Zentralität erhält das Parlament durch die Artikel 20 und 38 GG, in denen festgelegt wird, daß das Volk den Bundestag als einziges Organ direkt wählt; die Parlamentarier „sind Vertreter des ganzen Volkes, an Aufträge und Weisungen nicht gebunden und nur ihrem Gewissen unterworfen" (Art. 38 I GG).

Damit ist der Bundestag „in bevorzugter Weise demokratisch legitimiert und verantwortlich" (ISMAYR 1999: 14). Die Aufgaben des Bundestages werden im allgemeinen folgendermaßen definiert (siehe ISMAYR 1992: 28ff.; 1999: 21ff; RUDZIO 1991: 223ff.; von BEYME 1993: 257ff.; KATZ 1994: 165ff; 127ff.; PATZELT 1997: 147ff.):

- Artikulations- bzw. Repräsentationsfunktion: Die politischen Auffassungen im Volke sollen an den Bundestag weitergegeben und dort aufgearbeitet werden.

- Wahlfunktion: Die Mitglieder des Bundestages wählen direkt (z.B. Bundeskanzler) oder indirekt (z.B. Bundespräsident, Bundesrichter) die Vorsitzenden anderer staatlicher Instanzen.

- Kontrollfunktion: Der Bundestag kontrolliert das Regierungshandeln.

- Legislative Funktion: Die Gesetzgebung unterliegt dem Bundestag, z.T. unter Mitwirkung des Bundesrates.

Im folgenden werden die vier Funktionen kurz erläutert.

1.2.3 Artikulations- bzw. Repräsentationsfunktion

Darunter versteht man eine Ansammlung mehrerer Teilfunktionen, die sich aus den Vorgaben des Grundgesetzes ableiten lassen. Der Bundestag ist die Volksvertretung, er soll das ganze Volk repräsentieren und trägt damit zur politischen Willensbildung der Bevölkerung bei. Die Teilfunktionen sind daher, den Willen des Volkes zu formulieren (expressive function), das Volk zu belehren (teaching function) und die Öffentlichkeit durch Parlamentsdebatten zu informieren (informing function; vgl. KATZ 1994: 165 ; siehe auch BAGEHOT 1963 / 1867).

1.2.4 Wahlfunktion

Der Deutsche Bundestag wählt den Chef der Regierung, den Bundeskanzler. Damit hat das Parlament ein Instrumentarium zur Hand, welches seine wichtige Rolle im politischen System unterstreicht. Darüber hinaus nehmen die Abgeordneten an der Bundesversammlung bei der Wahl des Bundespräsidenten teil.

Daneben wählt der Bundestag seine eigenen Organe (Bundestagspräsident, Ältestenrat, Ausschüsse etc.) beziehungsweise bestellt einen Wehrbeauftragten (Art. 45b GG) oder ist an der Wahl der Bundesrichter beteiligt (Art. 94 I, 95 II GG). Weitere Rechte, die unter die Wahlfunktion fallen, sind die Präsidentenanklage nach Art. 61 GG sowie das Recht auf ein Konstruktives Mißtrauensvotum (Art. 67 GG) und die Möglichkeit, die Vertrauensfrage zu stellen bzw. die Selbstauflösung (Art. 68 GG).

1.2.5 Kontrollfunktion

Eine weitere zentrale Funktion des Bundestages ist die Kontrolle und Kritik der Regierung bzw. der Verwaltung und die Überwachung der Gesetzesausführung. Zur Erfüllung dieser Funktion hat der Bundestag vielfältige Möglichkeiten zur Verfügung, darunter das Zitierrecht (Art. 43 I GG), die Großen, Kleinen und Mündlichen Anfragen sowie weitere Rechte (Öffentliche Anhörungen, Aktuelle Stunde, Untersuchungsausschüsse, Enquete-Kommissionen, Petitionen, Budgetrecht).

Alle diese Instrumente dienen hauptsächlich der Opposition zur Kontrolle der Staatstätigkeiten, daneben dienen sie auch dazu, „Regierung und Verwaltung zu veranlassen, Sachinformationen zu unterbreiten, Defizite, Absichten und Prioritäten der Regierungspolitik offenzulegen, Regierungs- und Verwaltungshandeln im Detail wie konzeptionell zu überprüfen und (öffentlich) der Kritik auszusetzen sowie nicht zuletzt alternative Positionen zu präsentieren und zu begründen" (ISMAYR 1999: 24).

1.2.6 Legislative Funktion

Bei der Gesetzgebungsfunktion handelt es sich um die „bedeutsamste, spezifisch parlamentarische Aufgabe des Bundestages" (KATZ 1994: 166). Der Deutsche Bundestag ist im Gesetzgebungsverfahren „zwar nicht das alleinige, aber doch das entscheidende Organ. Kein Gesetz kann ohne die Beschlußfassung des Bundestages zustandekommen" (KATZ 1994: 167). Gesetzesvorlagen werden nach Art. 76 GG alleine von der Bundesregierung, Bundesrat oder von Bundestagsabgeordneten eingebracht (Initiativrecht).

Die Regierung selbst kann nur dann eigene Rechtsverordnungen erlassen, wenn sie durch Gesetze dazu ermächtigt ist. Dabei muß dieses Gesetz den Inhalt, Zweck und Ausmaß der erteilten Ermächtigung festlegen (Art. 80 GG). Insgesamt betrachtet hat damit der Deutsche Bundestag die grundsätzliche Gesetzgebungskompetenz (Art. 70, 71 GG) und behält sich vor, einige Gegenstände durch Bundesgesetze selbst zu regeln (Konkurrierende Gesetzgebung nach Art. 72, 74 GG).

Seit 1949 hat die Bundesregierung rund 60 Prozent aller Gesetzesentwürfe in den Deutschen Bundestag eingebracht, aus den Reihen des Parlament kamen rund ein Drittel aller Gesetzesanträge. Der Bundesrat spielt mit 6 Prozent der eingebrachten Anträgen bei der Gesetzgebungsinitiative eine untergeordnete Rolle. Der Anteil der Gesetzesvorlagen, die von Mitgliedern des Bundestages eingebracht wurden, ist erst gesunken, danach aber Anfang und Mitte der 80er Jahre wieder stark angestiegen.

Im gleichen Zeitraum hat sich der Anteil der durch die Bundesregierung eingebrachten Gesetzesvorlagen genau spiegelverkehrt entwickelt: Nach einem starken Anstieg mit dem Höhepunkt in der Periode 1972 – 76 fiel der Anteil wieder auf ca. 54 Prozent in den Jahren 1987 – 90. Erklärt wird diese Entwicklung mit dem „Ausbau des Sozial- und Interventionsstaates" (ISMAYR 1999: 23) in den fünfziger, v.a. in den siebziger, Jahren und mit der damit einhergehenden Zunahme der Regierungsverordnungen.

1.2.7 Der Bundestag als zentrale Institution

Faßt man die Erkenntnisse dieses Kapitels zusammen, so stellt man fest, daß die dem Parlament in der Institutionenlehre zugesprochenen Funktionen weitgehend auch denen des Deutschen Bundestages entsprechen. Es handelt es sich hierbei vornehmlich um die Kontroll-, Wahl-, Artikulations- und Gesetzgebungsfunktion im Rahmen eines liberal-demokratischen Systems. Damit hat das Parlament den „institutionellen Kern eines Regierungssystems" (ELLWEIN / HESSE 1987: 234) inne. Parlament und Regierung sind durch den neuen Dualismus miteinander eng verzahnt, beide nehmen Aufgaben der politischen Führung gemeinsam wahr. Sowohl in der Institutionenlehre als auch in der Praxis wird deutlich, daß sämtliche politischen Belange in das Parlament eingebracht bzw. dort diskutiert und entschieden werden. Das Parlament, in diesem Falle der Deutsche Bundestag, ist somit das zentrale Organ bei der Entscheidung und Durchsetzung des politischen Willens und zugleich Teil der politischen Führung (vgl. ELLWEIN / HESSE 1987: 270ff.).

1.3 Das Forschungsproblem und seine Relevanz

Wie bereits beschrieben wurde, ist der Deutsche Bundestag der Mittelpunkt im politischen Institutionengefüge der Bundesrepublik. Folgt man den Annahmen der empirischen Demokratietheorie, müßte die politische Unterstützung bzw. das politische Vertrauen in den Bundestag damit auch die höchsten Werte aller politischer Institutionen aufweisen. Träfe diese Annahme nicht zu, ließen sich Fragen zur Stabilität der Demokratie in der Bundesrepublik Deutschland ableiten.

Wie noch ausführlich dargestellt werden wird, ergeben sich für ein politisches System für seine Stabilität bzw. Persistenz[2] dann Probleme, wenn es keine oder nur geringe Übereinstimmung von politischer Struktur und politischer Kultur gibt. Interessant wird diese Frage v.a. dann, wenn ein Regimewechsel innerhalb eines politischen Systems stattfindet, die Bevölkerung also mit neuen politischen Werten und Strukturen konfrontiert wird. Mit dem Beitritt der ehemaligen DDR-Länder zum Geltungsbereich des Grundgesetzes nach Art. 23 GG vollzog sich solch ein Wandel. Es wurde ein kompletter Institutionentransfer von West nach Ost durchgeführt und ein gemeinsamer konstitutioneller, institutioneller und rechtlicher Überbau geschaffen.

Trotz der gleichen institutionellen und rechtlichen Rahmenbedingungen kann man von einer gemeinsamen politischen Kultur zehn Jahre nach dem Fall der Mauer noch nicht sprechen. Jüngst sagte Jutta Limbach bei einer Feier zum 50jährigen Bestehen des Grundgesetzes, daß das demokratische Bewußtsein und die Akzeptanz der Demokratie in Ostdeutschland nicht sonderlich ausgeprägt seien.[3] Hat man nun die Annahmen von ALMOND / VERBA und EASTON über die Stabilität eines politischen Systems im Hinterkopf, hier v.a. die Notwendigkeit der Kongruenz von politischer Kultur und politischer Struktur, so wird einem die Relevanz der Fragestellung deutlich. Denn sollten sich nach einiger Zeit (offen bleibt, welche Zeitspanne damit gemeint ist) nicht

---

[2] Ein System ist im Sinne EASTONS dann persistent, wenn es seine zentralen Strukturelemente erhalten und durch Wandlung peripherer Strukturelemente auf sich verändernde Umweltbedingungen regieren kann (vgl. EASTON 1965: 106f)

[3] siehe Stuttgarter Zeitung vom 10.5.99, Seite 2

weitgehend übereinstimmende politische Einstellungen, Orientierungen und Verhaltensmuster herausgebildet haben, droht Gefahr für die Stabilität des politischen Systems.

Was nun diese Stabilität und Funktionsfähigkeit des politischen Systems des vereinigten Deutschlands betrifft, stellt sich immer dringlicher die Frage, inwieweit in den neuen Ländern „ein entsprechendes Unterstützungspotential für das (neue) politische Regime und seine zentralen Institutionen etabliert, also eine zur (neuen) politischen Struktur kongruente politische Kultur" (WALZ 1996: 22) herausgebildet wurde.

Die Sorge um das Gelingen der kulturellen Integration ist nicht unbegründet. Zum einen hat die deutsche Einheit zwei völlig unterschiedliche politische Systeme und damit auch Gesellschaften zu einem neuen Gebilde vereint, das in der Mehrheit eben Institutionen, Werte und Normen der alten Bundesrepublik übernommen hat. Da der Großteil der Bevölkerung in den neuen Bundesländern ihre Sozialisation in der ehemaligen DDR erfahren hat, kann nicht mit einer schlagartigen Angleichung der politischen Orientierungen in Ost und West gerechnet werden (vgl. FEIST 1991; FUCHS / KLINGEMANN / SCHÖBEL 1991). Der Prozeß der kulturellen Vereinigung hängt sicherlich auch mit den Entwicklungen bzw. der Lösung der sozialen und ökonomischen Folgeproblemen im Osten ab. Die Diskrepanz zwischen den Erwartungen an die Deutsche Einheit und deren wahrgenommenen Leistungen ist bei der Herausbildung eines notwendigen Akzeptanz- und Vertrauenspotentials nicht förderlich (vgl. BAUER 1991; HOLST 1991).

Nicht ganz so dramatisch wie in Ostdeutschland hat sich die Lebenslage der Westdeutschen seit der Vereinigung gewandelt. Sie nehmen den Wandel durch eine personelle Erweiterung von Bundestag und Bundesrat wahr und durch eine veränderte Diskussion der innenpolitischen Themen (wie z.B. Umzug der politischen Institutionen nach Berlin, Solidarbeitrag, Stasi-Problematik, Angleichung der Lebensverhältnisse etc.). Unter dem Gesichtspunkt der spezifischen Unterstützung und den „einigungsbedingten Output-Schwächen" (WALZ 1996: 25) des politischen Systems stellt sich natürlich auch die Frage, ob das ausgeprägte Vertrauen in die Institutionen (hier v.a. in den Bundestag) bestehen konnte und so eine ausreichend diffuse Unterstüt-zung[4] des Systems gewährleistet werden kann.

Die Aufgabe der vorliegenden Arbeit ist es nun, anhand empirischer Daten aus dem Jahr 1998 einen Vergleich anzustellen, wie sich das politische Ver-trauen in den Deutschen Bundestag als eine zentrale Institution des politi-schen Systems der Bundesrepublik Deutschland in Ost und West unterschei-det und welche Gründe hierfür vorliegen.

1.4   Eingrenzung der Betrachtung auf Bundestag und Vertrauen

Die vorliegende Arbeit soll einen Beitrag zur Frage leisten, welcher Zusam-menhang zwischen politischer Kultur und politischer Struktur im vereinigten Deutschland besteht. Dabei ist jedoch eine Einschränkung bezüglich des Um-fangs der Analyse nötig. Es werden in dieser Analyse nicht alle Orientie-rungsobjekte und nicht alle Orientierungsmodi betrachtet. Auf der Struktur-ebene wird nur eine politische Institution betrachtet, nämlich der Deutsche Bundestag. Im kulturellen Bereich legt die Arbeit ihren Schwerpunkt auf das politische Vertrauen. Der Gesamtgegenstand dieser Arbeit ist also eine Ana-lyse des politischen Vertrauens in den Deutschen Bundestag.

Der Deutsche Bundestag ist ein zentrales Organ des politischen Systems und ist zugleich Zentrum des deutschen Institutionengefüges. Bei der Analyse muß man zwischen der Institution an sich (als Teil des *regime* im Sinne EA-STONS) und den Inhabern politisch relevanter Ämter und Positionen inner-halb dieser Institution (*authorities* im Sinne EASTONS) unterscheiden.

Was das politische Vertrauen als Teil der diffusen Unterstützung im Sinne EASTONS anbetrifft, so ist im Verlauf dieser Arbeit noch näher darauf einzu-gehen (siehe Kapitel 2: Das Konzept des Politischen Vertrauens).

---

[4] zum Begriff „diffuse Unterstützung" siehe Kapitel 2.2

1.5 Zum Forschungsstand

Betrachtet man den Forschungsstand zum Institutionenvertrauen im allgemeinen und zum politischen Vertrauen in den Deutschen Bundestag im speziellen, so fällt sofort der Mangel an empirisch fundierten Analysen auf. Auch zehn Jahre nach dem Fall der Mauer und der fast einmaligen Chance, eine Regimetransformation wissenschaftlich analysieren und begleiten zu können, tendieren die Forschungsaktivitäten im Bereich des Institutionenvertrauens gegen Null (vgl. BENTELE 1992; GABRIEL 1993; PLASSER / ULRAM 1994; KRÜGER 1995: 250ff.; WALZ 1996: 27f.). Zwar beschäftigen sich unzählige Untersuchungen mit der politischen Kultur im vereinigten Deutschland im allgemeinen, mit der „nationalen Identität" (vgl. WESTLE 1992) oder den „allgemeinen politischen Orientierungen" (vgl. BAUER 1991), das Feld des Institutionenvertrauens liegt dagegen weitestgehend brach. Daher ist den Ausführungen von PLASSER und ULRAM (1994: 365) nur wenig hinzuzufügen: „Obwohl die Literatur einstimmig konstatiert, daß funktionierende Demokratien über ein Mindestmaß an politischen Vertrauen verfügen müssen, ist der einschlägige Forschungsstand mehr als defizitär, mangelt es an vergleichbaren Zeitreihen und fristen Untersuchungen zum Institutionenvertrauen in der empirischen Forschung ein Schattendasein". Daher ist der Forschungsstand zum politischen Vertrauen in den Deutschen Bundestag mehr oder weniger nicht existent.

Dennoch lassen sich für die wenigen empirischen Arbeiten zwei Arten wissenschaftlicher Analysen unterscheiden:

Die Mehrzahl beschäftigt sich hauptsächlich mit der Beschreibung des Institutionenvertrauens. Typische Fragestellung hierbei ist, wie sich die Einstellungen der Bevölkerungen gegenüber politischen Institutionen im Laufe der Jahre entwickelt hat. Dabei wird immer wieder auf die Struktur und Entwicklung des Institutionenvertrauens verwiesen; ähnlich einer Rangskala (Vertrauenspyramide) wird dabei analysiert, welchen politischen Institutionen die Bürger das meiste und das wenigste Vertrauen entgegenbringen (siehe BOYNTON / LOEWENBERG 1973; CONRADT 1980; DÖRING 1990; KLAGES 1990; STÖSS 1990; FEIST 1991; WEIDENFELD / KORTE 1991; GLUCHOWSKI / ZELLE 1992; KRÜGER 1992, 1995; RATTINGER 1993; GABRIEL 1993,

1994, 1996b; LÖWENHAUPT 1993; PLASSER / ULRAM 1994; PICKEL / WALZ 1995, 1997; WALZ 1996, 1997; ROSAR 1998; BRUNNER / WALZ 1998; KUECHLER 1998). Für den Deutschen Bundestag existieren separat wenige Arbeit zur Entwicklung des politischen Vertrauens in das Parlament (vgl. SCHÜTTEMEYER 1984; PATZELT 1998), die jedoch auch nur deskriptiven Charakter haben.

Neben der reinen Beschreibung der Struktur und Entwicklung politischen Vertrauens existieren nur wenige Arbeiten, die sich explizit auch mit den Determinanten der politischen Unterstützung befassen. Wiederum sind diese Analysen allgemein für alle Institution eines politischen Systems gehalten, speziell mit dem Deutschen Bundestag beschäftigt sich m.E. nach keine einzige Arbeit (vgl. DÖRING 1990; PLASSER / ULRAM 1994; PICKEL / WALZ 1997; WALZ 1996; ROSAR 1998; GABRIEL 1999a).

Allen genannten Arbeit ist gemein, daß sie im Rahmen dieser Fragestellung nur von geringem Ertragswert sind. Es werden theoretische Reflexionen mit empirischen Ergebnissen nicht systematisch verknüpft, um so eindeutig Determinanten des politischen Vertrauens in das Parlament eliminieren zu können.

Im Gegensatz zur Bundesrepublik beschäftigt sich die internationale Wissenschaft v.a. in den USA schon seit längerer Zeit mit dem Problem des Vertrauens in die politischen Institutionen. Dabei werden nicht nur die Einstellungen der Bevölkerung gegenüber den einzelnen Institutionen erfaßt, sondern auch die Einschätzungen der Integrität einer Institution. Des weiteren bewerten die Bürger die Wichtigkeit und Leistungsfähigkeit der einzelnen Organe (siehe LIPSET / SCHNEIDER 1983).

Bereits seit Mitte der fünfziger Jahre wurde in den USA regelmäßig der sog. SRC-Index in den National Election Surveys erhoben. Dieser Index enthält einen Fragenkomplex zum Vertrauen in die Bundesregierung (Trust-in-Government), der nationalweit abgefragt wurde (siehe WRIGHT 1981; FELDMAN 1983). Als Initialzündung für die Diskussion über den Trust-in-Government-Index dürfte die MILLER-CITRIN-Kontroverse gewesen sein, die in der Folgezeit eine wahre Flut an weiteren Veröffentlichungen zu diesem Thema nach sich zog.[5]

Die nachfolgenden Untersuchungen zeigten zwar die Notwendigkeit politischer Unterstützung und politischem Vertrauen für die Stabilität und Persistenz eines demokratischen Regimes auf, eine ausformulierte Theorie über Determinanten, Ausmaß und Verteilung des politischen Vertrauens läßt weiter auf sich warten. Immerhin existiert eine Vielzahl von empirischen Untersuchungen, die sich ausdrücklich mit den politischen Institutionen beschäftigen, hauptsächlich mit der Bundesregierung, in zunehmenden Maße aber auch mit dem Amerikanischen Kongreß oder international vergleichend (siehe AGGER / GOLDSTEIN / PEARL 1961; GAMSON 1968; ABERBACH / WALKER 1970; FINIFTER 1970; CITRIN 1974; MILLER 1974a, 1974b; PARRY 1976; ABRAMSON / FINIFTER 1981; HILL 1981; FELDMAN 1983; HILL 1983; CRAIG / NIEMI / SILVER 1990; WEATHERFORD 1992; LOCKERBIE 1993; HIBBING / PATTERSON 1994; HIBBING / THEISS-MORSE 1995; LISTHAUG 1995; LISTHAUG / WIBERG 1995; KIMBALL / PATTERSON 1997; HIBBING / THEISS-MORSE 1997; KING 1997; MILLER / LISTHAUG 1990; NYE 1997; BOK 1997; MANSBRIDGE 1997; HETHERINGTON 1998).

1.6 Forschungsfragen

Die Kongruenz von politischer Struktur und politischer Kultur als Basis für die Stabilität und Persistenz eines politischen Systems und die Vereinigung Deutschlands sowie die defizitäre Forschungslage schaffen den Rahmen für einige Forschungsfragen:

1. Welche Determinanten sind für das Vertrauen in das Parlament relevant, welches Ausmaß und welche Verteilung müssen sie aufweisen?

2. Welche Rolle spielt das Institutionenvertrauen im allgemeinen und das Vertrauen in das Parlament (hier: in den Deutschen Bundestag) in der Demokratie?

---

[5] zur MILLER-CITRIN-Kontroverse siehe ausführlich Kapitel 3.1

3. Welcher Art der Unterstützung benötigen politische Institutionen (hier: das Parlament) unter der Annahme, daß demokratische Systeme nur dann stabil sind, wenn die zentralen Institutionen von der Bevölkerung akzeptiert werden?

4. Vor dem Hintergrund des vereinten Deutschlands: Welches Ausmaß und welche Verteilung politischer Unterstützung muß in einem System gegeben sein, damit die politischen Institutionen (hier: das Parlament) weiterhin legitimiert sind?

5. Was wird beim Institutionenvertrauen gemessen? Das Vertrauen in die einzelne Institution oder das Vertrauen in die jeweiligen Amtsinhaber?

6. Welche Bedeutung haben die empirischen Befunde für die innere Einheit Deutschlands bzw. welche Konsequenzen kann man aus den Ergebnissen ziehen?

1.7 Aufbau und Ziel der Arbeit

Aus den obengenannten Forschungsfragen leitet sich der Aufbau dieser Arbeit ab. Vor einer empirischen Analyse müssen zunächst die theoretischen Grundlagen politischer Unterstützung, insbesondere des politischen Vertrauens, geklärt werden. Beginnend mit der Frage der Systemstabilität nach ALMOND und VERBA wird der Begriff „politisches Vertrauen" danach definitorisch bestimmt und auf die Relevanz der politische Unterstützung in Bezug auf die Stabilität eines demokratischen politischen Systems eingegangen.

Im Anschluß an diese grundlegenden theoretischen und definitorischen Vorüberlegungen werden die verschiedenen Orientierungsobjekte spezifiziert sowie verschiedene Erklärungsansätze für Personen- bzw. Institutionenvertrauen vorgestellt und daraufhin untersucht, welche Determinanten beim Vertrauen in das Parlament von Bedeutung sind. In einem weiteren Schritt werden diese Determinanten isoliert betrachtet und der Versuch unternommen, die Erkenntnisse der genannten Untersuchungen über das Parlamentsvertrauen auf das politische System der Bundesrepublik Deutschland zu übertragen.

Es folgen die empirischen Analysen über Einstellungen der Bevölkerung gegenüber dem Deutschen Bundestag, es werden also Ausmaß, Verteilung und Struktur des politischen Vertrauens bestimmt und somit der Versuch unternommen, mögliche Determinanten des politischen Vertrauens in den Deutschen Bundestag zu identifizieren. In einem letzten Abschnitt sollen die möglichen Konsequenzen aus den empirischen Untersuchungen diskutiert werden.

Ziel dieser Arbeit soll sein, die Einstellungen der Bevölkerung in Ost- und Westdeutschland gegenüber dem Parlament aufzuzeigen (Ausmaß) sowie Auskunft darüber zu erteilen, wie das Vertrauen in den gesellschaftlich-politischen Gruppen verteilt ist (Verteilung) sowie in welchen Bevölkerungsgruppen eher politisches Vertrauen anzutreffen ist (Struktur). Des weiteren sollen Kennzeichen bzw. Merkmale des politischen Vertrauens in den Deutschen Bundestag ermittelt werden (Determinanten). Aus den vorangegangenen Analysen werden dann mögliche Konsequenzen aufgezeigt und diskutiert.

Diese Arbeit nimmt Bezug auf das Konzept der Politischen Kultur im Sinne ALMOND und VERBA und dient dazu, einen bestimmten Ausschnitt der politischen Wirklichkeit zu beschreiben und erklären. Besser gesagt: Es geht um die Analyse der politischen Vertrauens in den Deutschen Bundestag im vereinten Deutschland.

2   Das Konzept des Politischen Vertrauens

2.1   Systemstabilität nach ALMOND / VERBA

2.1.1   Orientierungsobjekte

Die Frage, so wie sie Renate KÖCHER gestellt hat, ist in Deutschland nicht neu. Die Erfahrungen der Weimarer Republik haben gezeigt, daß allein eine demokratische Verfassung nicht das Überleben eines demokratischen Regimes garantieren kann. Obwohl hier eine demokratische Verfassung, ein parlamentarisches Regierungssystem und Parteienwettbewerb und ein hoher sozio-ökonomischer Entwicklungsstand vorhanden waren, scheiterte die Weimarer Republik und endete im Nationalsozialismus.

Mit ähnlichen sozio-ökonomischen und institutionellen Voraussetzungen wie die Weimarer Republik ausgestattet, hat sich zu Beginn des 20. Jahrhunderts in England eine ganz andere demokratische Ordnung herausgebildet. AL-MOND / VERBA (1965: 6) beschreiben dies so, daß sich dort zwischen zwei Teilkulturen eine neue, „a pluralistic culture based on communication and persuasion, a culture of consensus and diversity, a culture that permitted change but moderated it" herausgebildet hat. Diese politische Kultur unterschied sich diametral von der deutschen zu Beginn dieses Jahrhunderts. Deutschland stellte „den Prototyp einer Untertanenkultur dar" (GABRIEL 1994: 98), was bedeutet, daß die demokratischen Prinzipien mit der vorherrschenden autoritären und gespaltenen Kultur kollidierten und es so zum Niedergang der Weimarer Republik kam (vgl. ausführlich ALMOND / VERBA 1965: 5ff.).

Damit ist klar: Ein hohes Maß an sozio-ökonomischer Entwicklung alleine sichert nicht das Bestehen eines demokratischen Regimes.[6] Es gibt also neben den institutionellen und sozio-ökonomischen Rahmenbedingungen weitere Faktoren, die ein demokratisches Regime bestehen lassen. Diese Faktoren sind kultureller Art und werden definiert als politische Einstellungen der Be-

---

[6] Über den Zusammenhang von wirtschaftlicher Entwicklung und Ausprägung der Demokratie siehe hierzu die Arbeit von LIPSET 1969.

völkerung gegenüber dem politischen System als ganzes und seinen Teilbereichen. Um nun die Persistenz oder Stabilität eines politischen Systems erklären zu können, müssen neben institutionellen und sozio-ökonomischen Faktoren entsprechend kulturelle Faktoren in der Analyse politischer Systeme betrachtet werden (vgl. WALZ 1996: 12f.; ALMOND / VERBA 1965: 9; GABRIEL 1994: 98).

Politische Kultur wird verstanden als „the particular distribution of patterns of orientation toward political objects among the members of the nation" (ALMOND / VERBA 1965: 13), also die individuelle Verteilung von Einstellungen bei Individuen gegenüber politischen Objekten.

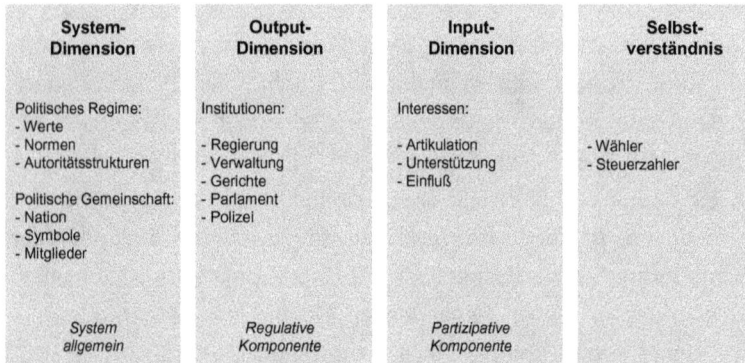

System-Dimension	Output-Dimension	Input-Dimension	Selbst-verständnis
Politisches Regime: - Werte - Normen - Autoritätsstrukturen Politische Gemeinschaft: - Nation - Symbole - Mitglieder	Institutionen: - Regierung - Verwaltung - Gerichte - Parlament - Polizei	Interessen: - Artikulation - Unterstützung - Einfluß	- Wähler - Steuerzahler
System allgemein	*Regulative Komponente*	*Partizipative Komponente*	

Abbildung 1: Orientierungsobjekte (nach ALMOND / VERBA 1965: 14ff.)

Als politische Objekte werden vier Dimensionen unterschieden: das politische System als allgemeines Objekt (Systemdimension), Output-Dimension, Input-Dimension und das Selbst als politischer Akteur (siehe Abbildung 1). In der Systemdimension finden sich die Einstellungen und Orientierungen zum politischen Regime und zur politischen Gemeinschaft wieder. Darunter werden Begriffe wie „Werte", „Normen", „Nation", „Symbole" usw. subsumiert (vgl. ALMOND / VERBA 1965: 14ff.; GABRIEL 1994b: 31ff.). Der zweite Bereich umschließt das Subsystem „Output", wobei hier die „Einstellungen zu den regulativen Aktivitäten des politischen Systems" (GABRIEL 1994b: 33) gemeint sind. Diese Aktivitäten werden von den politischen Institutionen und Organisationen erbracht, also von der Exekutive, Legislative und Judikative sowie von der Administration. Der dritte Bereich umfaßt die partizipative Komponente der Politik sowie den „Transfer von Forderungen und Unterstützungen aus der Umwelt in das politische System" (SOWAIDNIG 1997: 43). Als letztes Orientierungsobjekt sei das Selbst genannt, das Selbstverständnis des Bürgers als politischer Akteur.

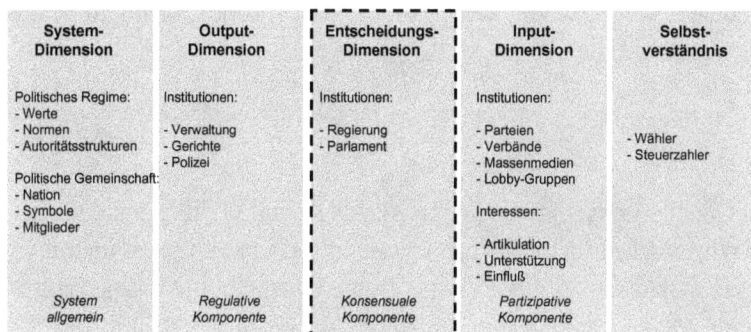

System-Dimension	Output-Dimension	Entscheidungs-Dimension	Input-Dimension	Selbst-verständnis
Politisches Regime: - Werte - Normen - Autoritätsstrukturen Politische Gemeinschaft: - Nation - Symbole - Mitglieder	Institutionen: - Verwaltung - Gerichte - Polizei	Institutionen: - Regierung - Parlament	Institutionen: - Parteien - Verbände - Massenmedien - Lobby-Gruppen Interessen: - Artikulation - Unterstützung - Einfluß	- Wähler - Steuerzahler
System allgemein	*Regulative Komponente*	*Konsensuale Komponente*	*Partizipative Komponente*	

Abbildung 2: Orientierungsobjekte (modifiziert)

ALMOND und VERBA nehmen in ihren Ausführungen keine Funktionsuntersuchungen der einzelnen Institutionen im politischen System vor. Per Definition werden die zentralen Institutionen einem Orientierungsobjekt zugeordnet. Überträgt man dieses Raster auf das politische System der Bundesrepublik Deutschland, so fällt auf, daß die zu eingangs beschriebenen Funktionen des Deutschen Bundestages bei weitem nicht nur im Input-Bereich, so wie ihn ALMOND und VERBA definieren, fallen. Das Parlament in der Bundesrepublik ist die gewählte Volksvertretung (Volksrepräsentation) und damit ein Organ, das bei seinem Funktionieren auf Responsivität angewiesen ist. Responsivität wird hier im Sinne von *policy responsiveness* definiert, was bedeutet, daß „der Abgeordnete [sich] in politischen Sachfragen den Einstellungen seiner Constituency [...] entsprechend [verhält; S.E.]" (BRETTSCHNEIDER 1995: 20). Der Abgeordnete und somit auch das Parlament ist also kein reines Output-Organ, vielmehr stellt der Deutsche Bundestag (ebenso die Bundesregierung) eine Verbindung zwischen Input und Output als Konsensorgan her. Ein weiteres Indiz für diese Betrachtungsweise ist die Tatsache, daß in der Bundesrepublik im Regelfall die Abgeordneten von Parteien entsandt werden. Parteien stellen aber nach den Ausführungen von ALMOND und VERBA einen Bestandteil der Input-Dimension dar.

Aus diesem Grunde wird im folgenden von einer Verbindung zwischen den Orientierungsobjekten Input und Output ausgegangen (siehe Abbildung 2), bezeichnet als Entscheidungsdimension. Sie enthält sowohl regulative als auch partizipative Komponenten, die in einem Aushandlungsprozeß zu einem Konsens führen.

2.1.2 Kongruenz von Kultur und Struktur

Neben den Orientierungsobjekten führen ALMOND und VERBA drei Orientierungsmodi ein, nämlich kognitive, affektive und evaluative Einstellungen zu den genannten Objekten. Anhand dieses Rasters leiten sie nun ihre Typologie politischer Kulturen ab. Diese Kulturtypen nennen ALMOND und VERBA (1965: 16ff.) „parochial political culture", „subject political culture" und „participant political culture", wobei sich moderne politische Kulturen dadurch auszeichnen, daß alle Orientierungsmodi in der Bevölkerung vorhanden sind. Den empirisch ermitteln Typ der politischen Kultur, der in einem System vorherrscht, läßt sich in dieses Rasters einordnen.

	System	Input	Output	Ego
Parochial	0	0	0	0
Subject	1	0	1	0
Participant	1	1	1	1

Abbildung 3: Typen politischer Kulturen (nach ALMOND / VERBA 1965: 16)

Stabilität ist einem politischen System dann gegeben, wenn sich die politische Struktur kongruent zur politischen Kultur verhält: „A congruent political culture would be one appropriate for the structure: in other words, where political cognition in the population tend to be accurate, and where affect and evaluation would tend to be favorable" (ALMOND / VERBA 1965: 20).

Mit der Einführung dieses Konzepts werden nun die Mikro-Ebene (individuelle Orientierungen und Verhaltensweisen) und die Makro-Ebene (Durabilität und Stabilität eines politischen Systems) systematisch verknüpft. Politische Stabilität und politischer Wandel lassen sich mit dieser Verknüpfung von Mikro- und Makro-Ebene erklären, da nach den Annahmen von ALMOND und VERBA eine Kongruenz von Struktur und Kultur die Stabilität eines politischen Systems bestimmen: „The relationship between political culture and political structure becomes one of the most significant researchable aspects of the problem of political stability and change" (ALMOND / VERBA 1965: 33).

Dennoch ist Skepsis angebracht: Bisher existiert noch keine empirisch bewährte Theorie demokratischer Stabilität. Was das Mikro-Konzept (also die Beschreibung und Erklärung des Verhältnisses der Bevölkerung zum politischen System) anbelangt, findet sich eine Vielzahl von empirischen Arbeiten. „Gegenüber den makroanalytischen Möglichkeiten des Forschungsprogramms „politischer Kultur" ist Skepsis am Platze" (GABRIEL 1994b: 40, siehe auch WALZ 1996: 16 m.w.L.). Eine Annäherung an das Problem schafft die Aussage von FUCHS (vgl. 1989: 11), wonach bei einer zur politischen Struktur kongruenten politischen Kultur das politische System zur Stabilität tendiert.

Das politische System benötigt also ein gewisses Maß an politischer Unterstützung: „Ohne zumindest gelegentliche Unterstützung, so die Annahme, hätten die Politiker erhebliche Schwierigkeiten bei der Herbeiführung und Durchsetzung gesamtgesellschaftlich verbindlicher Entscheidungen. Die Unterstützung des Regimes sei notwendig, damit u.a. die für die Umwandlung von Forderungen in Entscheidungen nötigen Strukturen erhalten bleiben" (BRETTSCHNEIDER 1995: 231).

Zurückgreifend auf EASTON (1965, 1975) lassen sich zwei Typen der Unterstützung ausmachen: spezifische und diffuse Unterstützung. Die „spezifische Unterstützung wird als instrumentelle Vor-/ Nachteilserwägung gefaßt, die sich auf den Output der Herrschaftsträger richtet" (WESTLE 1992: 462). Der Bürger bewertet hier also, inwieweit er mit den Ergebnissen der aktuellen Politik zufrieden bzw. unzufrieden ist. Ein weiteres Merkmal von spezifischer Unterstützung ist deren Kurzfristigkeit. Jedoch kann eine längerfristige Zufriedenheit mit dem Output der Herrschaftsträger „zu einer positiven generalisierten politischen Unterstützung führen, der diffusen Unterstützung" (SOWAIDNIG 1997: 63).

Im folgenden sollen die Arten der politischen Unterstützung näher erläutert werden.

2.2 Politische Unterstützung und Politisches Vertrauen

2.2.1 Politische Unterstützung

Wie bereits im einleitenden Kapitel dargelegt, hat diese Arbeit das politische Vertrauen in den Deutschen Bundestag zum Untersuchungsgegenstand. Ferner wurde ansatzweise erklärt, welchen Stellenwert das Konzept der Politischen Unterstützung von David EASTON in der Erforschung von politischen Systemen hat. Nicht eindeutig geklärt wurden bisher die Begrifflichkeiten.

Folgt man den Ausführungen von Dieter WALZ (1996: 34), handelt es sich beim Begriff „Vertrauen" um ein Allerweltswort, das u.a. von „Politikern, Journalisten, Meinungsforschern oder Philosophen ständig und (fast könnte man meinen) selbstverständlich" gebraucht wird. „Vertrauen" ist Gegenstand der unterschiedlichsten Fachgebiete und Forschungszweige, seine Wissenschaftsgeschichte reiche „bis ins dritte Jahrtausend vor unserer Zeitrechnung" (WALZ 1996: 34) zurück.

In der Politikwissenschaft selbst firmieren die unterschiedlichsten Umschreibungen unter dem Begriff Vertrauen, eine eindeutige Begriffsbestimmung ist aber bisher noch nicht erfolgt. Dabei werden „Vertrauen" und „Unterstützung" oft synonym verwendet (vgl. WALZ 1996: 35 m.w.L.). Im Rahmen dieser Arbeit ist es aber unerläßlich, eine eindeutige Begriffsbestimmung vorzunehmen. Da, wie bereits geschildert, die theoretische Basis dieser Arbeit u.a. das Konzept der politischen Unterstützung von David EASTON ist, bietet sich an, dessen Definitionen von Unterstützung und Vertrauen zu übernehmen. Danach definiert EASTON (1975: 436) Unterstützung (*support*) „as an atti-

tude by which a person orients himself to an object either favorably or unfavorably, positively or negatively". Diese Orientierung kann entweder durch
Einstellung zum oder Verhalten gegenüber den Objekten erfolgen.

Politische Unterstützung meint nun den Support der Orientierungsobjekte
„politische Gemeinschaft", „politische Ordnung" und „politische Herrschaftsträger" (vgl. EASTON 1965; 1975).

Politische Unterstützung gliedert sich nach EASTON in zwei Bereiche: spezifische und diffuse Unterstützung. Diese beiden unterschiedlichen Unter-
stützungsarten ergeben sich daraus, daß „some types of evaluations are
closely related to what the political authorities do and how they do it. Others
are more fundamental in character because they are directed to basic aspects of the system" (EASTON 1975: 437).

Spezifische Unterstützung bezieht sich auf den wahrgenommenen Output der
amtierenden Herrschaftsträger (*authorities*) durch die Mitglieder des politischen Systems. „Specific support is a response to the authorities" (EASTON
1975: 437), es wird also die Zufriedenheit der Mitglieder des politischen Systems mit den erbrachten Leistungen der Herrschaftsträger als Quelle der
spezifischen Unterstützung genannt. Diese Art der Unterstützung stellt eine
„instrumentelle Vor-/ Nachteilserwägung" (WESTLE 1992: 462) dar, die sich
aus dem Vergleich der individuellen Wünsche und Forderungen (*demands*)
und den erbrachten Leistungen (*output*) der Herrschaftsträger ergibt.

Der zweite Unterstützungsmodus ist die diffuse Unterstützung der Orientierungsobjekte. EASTON grenzt diesen Modus von der spezifischen Unterstützung dadurch ab, indem diffuse Unterstützung „refers to evaluations of
what an object is or represents – to the general meaning it has for a person –
not what it does. It consists of a ‚reservoir of favorable attitudes or good will
that helps members to accept or tolerate outputs to which they are opposed
or the effects of which they see as damaging to their wants'" (EASTON 1975:
444). Es handelt sich also hier nicht um eine rein instrumentelle Vor- oder
Nachteilserwägung, wie es bei der spezifischen Unterstützung noch der Fall
war. Vielmehr stellt die diffuse Unterstützung etwas Fundamentales („basic in
a special sense") dar, da sie sich nicht nur auf die Herrschaftsträger bezieht,
sondern auf die anderen Orientierungsobjekte gleichermaßen.

Als ein zweites Charakteristikum der diffusen Unterstützung nennt EASTON die Längerfristigkeit der diffusen Unterstützung im Gegensatz zur spezifischen. Diese relative Dauerhaftigkeit bedeutet aber nicht, daß sich die Intensität diese Unterstützungsart nicht ändern kann. Diffuse Unterstützung ist also dadurch gekennzeichnet, daß der Level „will normally be independent of outputs and performance in the short run" (EASTON 1975: 444f.).

Als drittes Kriterium der diffusen Unterstützung nennt EASTON die Sozialisation im Kindesalter und den direkten Kontakt mit den Orientierungsobjekten als Erwachsener (vgl. EASTON 1975: 445f.).

2.2.2 Politisches Vertrauen

Der zweite Orientierungsmodus im Konzept EASTONS ist die diffuse Unterstützung. Diese richtet sich auf alle drei Orientierungsobjekte und läßt sich intern nochmals in Vertrauen und Legitimität differenzieren. „Diffuse Unterstützung zeichne sich durch Dauerhaftigkeit und Grundsätzlichkeit aus" (SOWAIDNIG 1997: 63), d.h. der Glaube an die Legitimität des politischen Systems und in seine Objekte (v.a. seine Institutionen) sind hier verankert. Wichtig für die Stabilität eines politischen Systems ist, daß „die auf Werthaltungen beruhenden und in Affekten verwurzelten diffusen Einstellungen zur politischen Ordnung und zur politischen Gemeinschaft [...] sich nur sehr langfristig verändern [sollten; S.E.) und so als ´Puffer´ gegen kurzfristige Schwankungen bei der spezifischen Bewertung jeweils aktueller politischer Leistungen der Herrschaftsträger dienen" (WESTLE 1992: 462).

Diffuse Unterstützung im Sinne EASTONS wird als ein zweidimensionales Gebilde begriffen, welches aus den beiden Subdimensionen „Vertrauen" und „Legitimität" gebildet wird (siehe Abbildung 4). Vertrauen wird bei EASTON in Anlehnung an GAMSON (1968, zitiert nach EASTON 1975: 446) beschrieben als „the probability that the political system (or some part of it) will produce preferred outcomes even if left untended."

Es handelt sich beim Vertrauen also wiederum, wie schon bei der spezifischen Unterstützung, um eine Outputzufriedenheit. Jedoch unterscheidet sie sich von der spezifischen Unterstützung insofern, als daß sie nicht auf kurzfristigem Nutzen beruht, „sondern auf einer Generalisierung, die aufgrund einer Bewertung einer Serie von Outputs – möglichst von verschiedenen Autoritäten – zustande kommt" (FUCHS 1989: 16). Vertrauen bezieht sich lediglich auf die Objekte *regime* und *authorities*, jedoch nicht auf die politische Gemeinschaft.

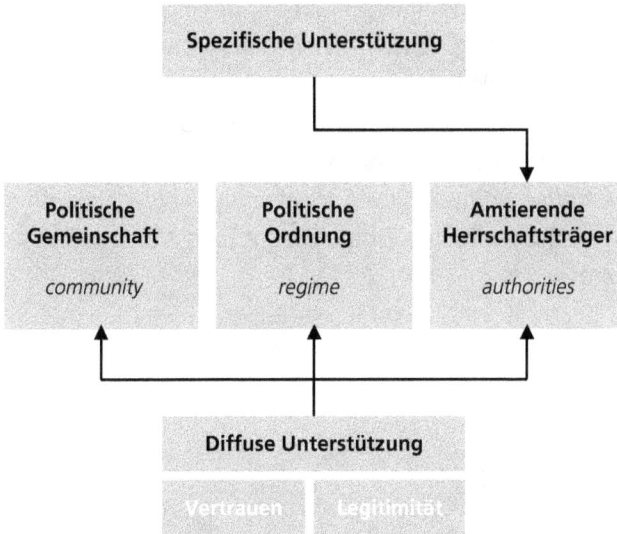

Abbildung 4: Vertrauen und Legitimität als Kategorien der diffusen Unterstützung

Die zweite Kategorie der diffusen Unterstützung ist die Legitimität. Darunter versteht EASTON (1975: 451) „the conviction that it is right and proper [...] to accept and obey the authorities and to abide by the requirements of the regime. It reflects the fact that in some vague or explicit way [a person; S.E.] sees these objects as confirming to his own moral principles, his own sense of what is right and proper in the political sphere." Legitimität meint hier die moralische Bewertung der einzelnen Objekte und damit die Bewertung ihrer Rechtmäßigkeit. Als Quelle dieser moralischen Bewertung werden die Überzeugungen des Individuums angegeben, welches die Objekte mit seinen eigenen moralischen Werten und Normen mißt.

Wie aus Abbildung 5 ersichtlich wird, grenzt EASTON Legitimität und Vertrauen voneinander ab. Die Abgrenzungskriterien sind u.a. die verschiedenen Quellen, aus denen sich Vertrauen bzw. Legitimität speisen. Handelt es sich bei der Legitimität um das Individuum und dessen moralischen Werten und Normen, so kann beim Vertrauen die Outputzufriedenheit des Regimes und der Autoritäten als Quelle benannt werden (vgl. auch FUCHS 1989: 16f.).

Aber auch anhand des Objektbezugs unterscheiden sich die beiden Subkategorien der diffusen Unterstützung. Zusammenfassend kann man sagen, daß „im Legitimitätsglauben [..] sich damit die Überzeugung von der Rechtmäßigkeit der politischen Ordnung [zeigt; S.E.], im Vertrauen zeigt sich, ob *diese* Kriterien auch im politischen Alltag Anwendung finden" (WALZ 1996: 45). Somit sind nun Vertrauen und Legitimität voneinander abgrenzbar, eine weitere Differenzierung von spezifischer Unterstützung und Vertrauen muß noch vorgenommen werden.

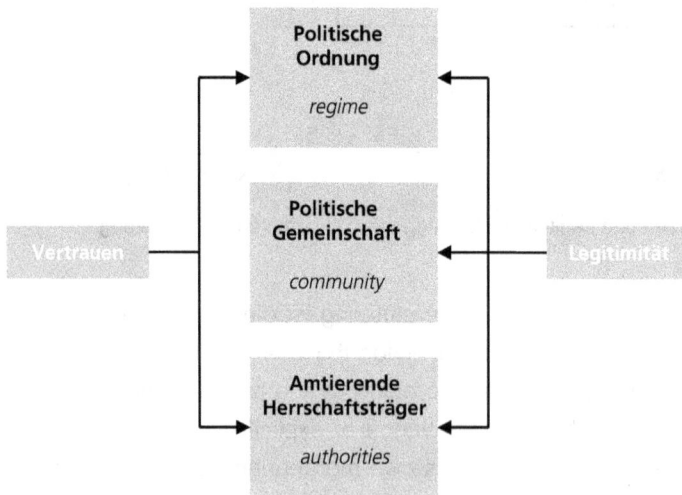

Abbildung 5: Abgrenzung von Vertrauen und Legitimität

Beide Formen, spezifische Unterstützung und Vertrauen, sind Outputbewertungen des politischen Regimes, beide orientieren sich an den amtierenden

Herrschaftsträgern. Vertrauen jedoch hat noch ein weiteres Orientierungsobjekt, nämlich das des politischen Regimes. Die spezifische Unterstützung ist, wie schon erläutert, eine instrumentelle Outputbewertung auf individueller Basis (individuelle Vorteil- / Nachteilserwägung), das Vertrauen stellt aber eine generalisierte Bewertung der Outputs dar, die sich an den erbrachten „products", „outputs" und „processes" orientiert und damit eine Abwägung auf Basis der Erwartungen darstellt. Vertrauen hat damit eine Mittelposition inne, da es „gewissermaßen diffuser als spezifische Unterstützung [ist; S.E.], da sich die Bewertung nicht am instrumentellen Nutzen, sondern an generalisierten Erwartungen orientiert, aber gleichzeitig spezifischer als der Legitimitätsglauben, da Vertrauen inhaltlich gut begründet ist, während sich Legitimität als moralische Einstellung auf die *grundsätzliche* Rechtmäßigkeit politischer Objekte und nicht auf Aktionen, Handlungen oder Performanz bezieht" (WALZ 1996: 46).

Legitimität stellt den übergeordneten Bezug her, da jemand, der die Werte und Normen anerkennt und somit das Regime für legitim hält, wohl auch Vertrauen in die Herrschaftsträger und Institutionen hat. „Commitment is defined as a willingness to maintain and defect the structures or norms of a regime even if they produce unfavorably consequences" (EASTON 1975: 451). Umgekehrt gilt dasselbe: je länger der Bürger unzufrieden ist mit den Outputs des Regimes, desto häufiger ist er mit den Herrschaftsträgern und den Institutionen und schließlich mit dem politischen System an sich unzufrieden, die Legitimität wird untergraben (vgl. WALZ 1996: 47).

Betrachtet man die Subdimensionen der diffusen Unterstützung hinsichtlich ihrer Dynamik, so kann man Legitimität als eher statisch, das Vertrauen als eher dynamisch bezeichnen. Vertrauen stellt somit einen „sensiblen Indikator für mögliche Anzeichen eines Delegitimationsprozesses" (WALZ 1996: 48) dar. Und auch GABRIEL (1992b, zitiert nach WALZ 1996: 48) stellt fest: „Concerning its content, trust can be understood as an attitude mediating between policy satisfaction and legitimacy beliefs. This conceptualization rests on the notion of a hierarchy of support starting with policy satisfaction as the attitudes most immediatly connected with an actor´s policy demands and the way government responds to them by making authoritative decisions, and ending with abstract and complex convictions, legitimacy beliefs."

2.2.3 Definition

Politisches Vertrauen in Personen oder Institutionen bezieht sich auf die „qualities – not the performance" (EASTON 1975: 449) bestimmter politischer Objekte und besteht somit aus generalisierten Bewertungen hinsichtlich einiger zentraler Erwartungsdimensionen.[7] „Trust is the belief that government is operating according to one's normative expectation of how government should function" (MILLER 1974b: 989).

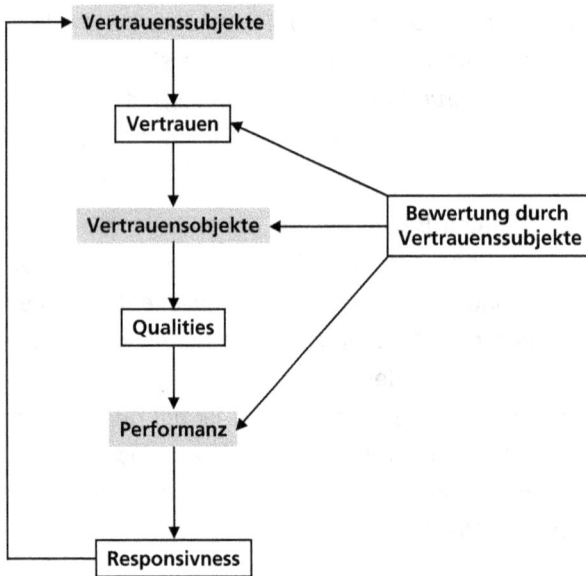

Abbildung 6: Gewähren und Bewertung von politischem Vertrauen

---

[7] Diese Erwartungsdimensionen können wie folgt beschrieben werden: „To sump up, political trust springs from two sources: from the perceived properties of political institutions and processes, irrespective of the personal qualities of the incumbent power holders on the one hand, and from personal attributes of the powerholders on the other" (GABRIEL 1992b, zitiert nach WALZ 1996: 40).

MILLER / LISTHAUG (1990: 358) formulieren dies so:

Vertrauen „reflects evaluations of whether or not political authorities and insti-tutions are performing in accordance with the normative expectations held by the public. Citizens expectations of how government should operate include, among other criteria, that it be fair, equitable, honest efficient and responsive to society's need. In brief, an expression of trust in government is a summary judgement that the system is responsive and will do what is right even in the absence of constant scrutiny."

Aus diesen Vorüberlegungen läßt sich eine Definition des politischen Ver-trauens ableiten (siehe auch schematische Darstellung in Abbildung 6):

Politisches Vertrauen stellt eine einseitige Übertragung von Kontrolle über Ressourcen, Handlungen und Ereignisse auf Vertrauensobjekte (z.B. Perso-nen, Institutionen) dar. Verbunden mit dieser Übertragung ist eine generali-sierte Erwartungshaltung gegenüber den Vertrauensobjekten, daß diese die ihnen übertragenen Aufgaben erfüllen (gemessen an den *qualities*, wie z.B. Ehrlichkeit, Verantwortungsbewußtsein, Kompetenz, Gemeinwohlorientiert-heit). Die Performanz (also die Erfüllung der Aufgaben, *responsivness*) wird in einem weiteren Schritt einer Bewertung unterzogen, die dann zeigt, ob das gezeigte politische Vertrauen in die Vertrauensobjekte gerechtfertigt war.

2.2.4 Zusammenfassung und Kritik

Das Konzept der politischen Unterstützung von EASTON birgt einige Inkonsi-stenzen bzw. Unklarheiten in sich. So lassen sich nach dem EASTONschen Definitionen Vertrauen und spezifische Unterstützung analytisch nicht eindeu-tig voneinander trennen, da beide die Outputbewertung als Kriterium anlegen. Obwohl EASTON davon spricht, daß die diffuse Unterstützung mehr oder weniger outputunabhängig sei, führt er gerade diesen Bezug bei der Differen-zierung zwischen Vertrauen und Legitimität an. „EASTON versucht diesen Widerspruch gewissermaßen unter der Hand aufzulösen, indem er ein weite-res Kriterium heranzieht, mit dem er den Outputbezug wiederum differenziert, nämlich das der Generalisierung" (FUCHS 1989: 19).

Obwohl damit nun diffuse und spezifische Unterstützung voneinander abgegrenzt sind (Kurzfristigkeit gegenüber Generalisierung), führt der Objektbezug zu weiteren Problemen. Die politischen Herrschaftsträger (*authorities*) werden doppelt belegt, einmal durch die spezifische Unterstützung, andererseits durch eine Dimension der diffusen Unterstützung, nämlich durch das Vertrauen.

Trotz dieses analytischer Unsicherheiten erhält man mit dem Konzept EASTONS der spezifischen und diffusen Unterstützung ein differenziertes Raster, mit dem sich die Persistenz politischer Systeme analysieren läßt. Zugleich erhält man eine Hierarchie der verschiedenen Modi. „Die Objekte und Arten der Unterstützung werden nicht als gleich bedeutsam angesehen, sondern aus ihren unterschiedlichen Eigenschaften wird auf eine systemfunktionale Hierarchie der politischen Unterstützung geschlossen" (WESTLE 1992: 462). Die spezifische Unterstützung der Herrschaftsträger stellt hierbei die unterste Stufe der Hierarchie dar, es folgen die Unterstützung des politischen Regimes sowie die der politischen Gemeinschaft.

Inwieweit das Ausmaß bzw. Niveau und die Verteilung von spezifischer und diffuser Unterstützung eine Rolle spielen, gibt es unterschiedliche Auffassungen (siehe WALZ 1996: 19). GABRIEL (1993) stellt fest, daß die bisher vorliegenden Arbeiten (vgl. GAMSON 1968; PARRY 1976; SNIDERMAN 1981) keinen Anspruch einer „ausformulierten, empirisch bewährten oder auch nur prüfbaren Theorie" (GABRIEL 1993: 5) erheben können, bestenfalls als Hintergrundwissen einer Interpretation empirischer Ergebnisse geeignet wären.

Für die Systempersistenz ist die Verteilung der Unterstützung wichtig. „One theory of political stability that was influential emphazised the implications of the structure of society arguing that social fragmentation was conducive to political instability" (LANE / ERSSON 1987: 13). Die politische Kultur eines Kollektives sollte eine gewisse Homogenität aufweisen, damit ein demokratisches politisches System stabil bleibt. Daher wird der Akzeptanz von Grundprinzipien des politischen Zusammenlebens in der empirischen Demokratietheorie eine wichtige Rolle beigemessen; diese Grundprinzipien müssen von allen gesellschaftlich-politischen Gruppen anerkannt werden (vgl. WALZ 1996: 20). Dies sei eine wichtige Voraussetzung für die Stabilität und Persistenz eines politischen Systems, „Kongruenz von politischer Struktur und politischer Kultur – als Faktor der Systemstabilität – bezieht sich demnach auf ein entsprechendes Niveau und eine entsprechende Verteilung der Unterstützung für das politische System" (WALZ 1996: 20).

An dieser Stelle sei nochmals deutlich darauf hingewiesen: Die Annahmen über Korrespondenz von politischer Kultur und politischer Struktur und die damit einhergehende Systemstabilität werfen „methodologische und theoretische Probleme [auf; S.E.], die weder von Almond und Verba noch in den einschlägigen Folgestudien zufriedenstellend gelöst wurden" (GABRIEL 1995: 248). Daß politische Unterstützung für die Persistenz eines politischen Systems vonnöten ist, wird allgemein akzeptiert, jedoch ist bisher „ein einheitliches und verbindliches Konzept politischer Unterstützung auch in Ansätzen noch nicht erkennbar" (FUCHS 1989: 12). Dennoch hat sich in den empirischen Arbeiten das Konzept von David EASTON als theoretischer Bezugsrahmen durchgesetzt (vgl. ABRAMSON / INGLEHART 1970; MULLER 1970; WAHLKE 1971; BOYNTON / LOEWENBERG 1973; MULLER / JUKAM 1977; CONRADT 1980; BAKER / DALTON / HILDEBRANDT 1981; FUCHS 1981, 1989; GABRIEL 1986; KRÜGER 1995; WALZ 1996; SOWAIDNIG 1997;), da dieses Konzept „Teil einer differenzierten Theorie des politischen Systems" (WALZ 1996: 17) ist und damit empirische Befunde zweckmäßig in einen theoretischen Rahmen eingebunden werden können. Ein zweiter wichtiger Grund für das Konzept EASTONS ist die mögliche Operationalisierbarkeit und die damit verbundene Möglichkeit, empirischen Forschung und Analysen durchzuführen (vgl. SOWAIDNIG 1997: 26; WALZ 1996: 17).

3 Politisches Vertrauen in Institutionen

3.1 Vertrauensobjekte

Die bisherige Analyse des EASTONschen Konzepts der politischen Unterstützung hat gezeigt, daß sich politisches Vertrauen hauptsächlich auf die Objekte *authorities* und *regime* bezieht. EASTON selbst vermeidet eine genauere Differenzierung, was nun unter diesen beiden Objekten genau zu verstehen ist. Folgt man der einschlägigen Literatur, so wird deutlich, daß sich politisches Vertrauen nicht nur auf ein Objekt bezieht, sondern vielmehr alle politischen Objekte in die Bewertung einbezogen werden.

Dennoch kann eine Unterscheidung zwischen *regime* und *authorities* gemacht werden, indem man zwischen Institutionen an sich und den Amtsinhabern relevanter Positionen innerhalb dieser Institutionen differenziert. „It is possible for individuals simultaneously to feel high confidence in political institutions and alienation toward those who man them" (GAMSON 1968: 49, zitiert nach ABERBACH / WALKER 1970: 1201).

Diese Trennung von der Institution an sich und den Amtsinhabern ist bisher nicht selbstverständlich gewesen. In der MILLER-CITRIN-Kontroverse ging es genau um dieses Thema. Arthur H. MILLER veröffentlichte 1974 die Ergebnisse seiner Studie, die in der Folgezeit heftigst diskutiert wurden. Kernpunkt seiner Arbeit war die These, daß das gemessene Vertrauen[8] in die US-Bundesregierung in den Jahren zwischen 1964 und 1970 rapide gesunken ist: „The change in the responses to all but one of the items is somewhat more than 20 percentage points in the direction of increased distrust of the go-

---

[8] Das politische Vertrauen in die Bundesregierung wurde anhand des *trust-in-government-Index* gemessen, der aus fünf Fragen besteht: (1) How much of the time do you think you can trust the government in Washington to do what is right? (2) Would you say the government is pretty much run by a few big interests looking out for themselves or that it is run for the benefit of all the people? (3) Do you think that people in the government waste a lot of the money we pay in taxes, waste some of it or don't waste very much of it? (4) Do you feel that almost all of the people running the government are smart people who usually know what they are doing, or do you think that quite a few of them don't seem to know what they are doing? (5) Do you think that quite a few of the people running the government are a little crooked, not very many are, or do you think hardly no of them are crooked at all? (vgl. MILLER 1974a: 953)

vernment" (MILLER 1974a: 952)[9]. Aus diesem Schwinden der politischen Unterstützung der Regierung in Washington schloß nun MILLER, daß die Stabilität des gesamten politischen Systems auf Dauer gefährdet sei. „When dissatisfaction with the existing situation leads, however, to pervasive and enduring distrust of government, this flexibility is greatly curtailed, thereby increasing the potential for radical change. [...] Such feelings of powerlessness and normlessness are very likely to be accompanied by hostility toward political and social leaders, the institutions of government, and the regime as a whole" (MILLER 1974a: 951).

Diesen Schlußfolgerungen widerspricht Jack CITRIN (1974) in seiner Replik auf MILLERS Artikel entschieden. Seiner Meinung nach ist aus dem Absinken der *trust-in-government-Werte* keine Aussage bezüglich der Stabilität des politischen Systems möglich. Vielmehr würden die Ergebnisse bei MILLER zeigen, daß sich die zurückgehenden Vertrauenswerte auf die Amtsinhaber beziehen würden: „Thus, the meaning of recent increases in the level of political cynicism remains ambiguous, and to decisively conclude that there exists widespread support for radical political change or pervasive alienation from political *system* is premature, if not misleading" (CITRIN 1974: 978).

Die MILLER-CITRIN-Kontroverse zeigt deutlich auf, daß in den Untersuchungen zum politischen Vertrauen besonders auf die politischen Objekte geachtet werden muß, auf die man sich bezieht.[10] Neben den bisher erwähnten Objekten *regime* und *authorities* werden in der Literatur weitere Vertrauensobjekte aufgeführt (vgl. GAMSON 1968, 1971; MILLER 1974b; PARRY 1976; ABRAMSON / FINIFTER 1981; FUCHS 1989; WALZ 1996):

---

[9] Beachtet werden muß hier, daß MILLER den Begriff *trust* nicht im Sinne von EASTON als Kategorie der diffusen Unterstützung benutzt, sondern die Gegensatzpaare *trust / cynicism* als politische Unterstützung allgemein betrachtet werden. „Political trust can be thought of as a basic evaluative or affective orientation toward the government" (MILLER 1974a: 952).

[10] die Veröffentlichung der Artikel von MILLER bzw. CITRIN wurden in der Folgezeit stark diskutiert, v.a. unter dem Augenmerk der Frage, was nun der *trust-in-government-Index* wirklich mißt; die Diskussion würde hier den Rahmen der Arbeit sprengen, daher verweise ich auf die relevante Literatur: ABRAMSON / FINIFTER 1981; KAASE 1988; MULLER / JUKAM 1977; FELDMANN 1983; HILL 1981, 1982; MILLER 1979; MULLER / WILLIAMS 1980; CRAIG / NIEMI / SILVER 1990; WEATHERFORD 1992; DEINERT 1997

- politische Herrschaftsträger (*authorities, incumbents*)
- politische Ordnung (*regime*)
- Autoritätsrollen der Amtsinhaber (*roles*)
- Institutionen allgemein (*institutions*)
- Werte und Normen (*public philosophie*)
- politische Gemeinschaft (*community*)

Diese Liste macht deutlich, daß man bei dem Begriff „politisches Vertrauen" unterscheiden muß, auf welches Objekt er sich bezieht. Im Rahmen dieser Arbeit soll hierbei weniger auf das Systemvertrauen als vielmehr auf das Personen- und Institutionenvertrauen eingegangen werden, wobei nur eine einzelne Institution in der Analyse berücksichtigt wird, nämlich das Parlament.

Unter Personenvertrauen versteht man die zeitlich begrenzte „Übertragung von Kontrolle über Ressourcen, Handlungen und Ereignisse auf die momentanen Herrschaftsträger" (WALZ 1996: 52). Im Hinblick auf das politische Vertrauen sind endogene, also auf Affekten beruhende Faktoren ausschlaggebend, da hier generalisierte Erwartungen bezüglich der Vertrauensvergabe zum Tragen kommen (vgl. GABRIEL 1986: 258ff.). Damit wird den *political authorities* Macht übertragen mit dem Ziel, daß dieses Herrschaftsträger bestimmte Forderungen entsprechen.

3.2 Einordnung der Institutionen

Nutzt man das Raster von David EASTON zur Analyse und Erklärung politischen Vertrauens in das Parlament, muß zunächst eine Einordnung der Institutionen vorgenommen werden. EASTON selbst geht, wie bereits geschildert, von drei Orientierungsobjekten aus: die politische Gemeinschaft (*community*), die politische Ordnung (*regime*) und die amtierenden Herrschaftsträger (*authorities*). Unklar bleibt bis zu diesem Zeitpunkt, auf welcher analytischen Ebene die politischen Institutionen in dieses Raster einzuordnen sind: Sind sie Teil der politischen Ordnung oder Teil der politischen Herrschaftsträger?

Ausgehend von der klassischen Trennung zwischen Inhalte (*policy*), Strukturen (*polity*) und Prozesse (*politics*) werden politische Institutionen hier eindeutig der Struktur eines politischen Systems zugeordnet (vgl. ALMOND / PO-WELL 1978).

In der Analyse politischer Systeme unterteilen ALMOND / VERBA (1965: 14) das Gesamtsystem in „(1) specific *roles* or *structures*, such as legislative bodies, executives, or bureaucracies; (2) *incumbents* of roles, such as particular monarchs, legislators, and administrators, and (3) particular public *policies*, *decisions*, or *enforcements* of decisions." Die Institutionen werden hier also auf der Ebene der *roles* oder *structures* verortet.

ALMOND / POWELL 1978	ALMOND / VERBA 1965	EASTON 1975
policy (Inhalte)	**roles / structures**	**regime**
polity (Struktur)	incumbents of roles	authorities
politics (Prozesse)	policies, decisions	community

Abbildung 7: Systematische Einordnung der Institutionen (hervorgehoben)

Bei EASTON selbst bleibt die Einordnung der politischen Institutionen immer noch offen. Einerseits ordnet er die Institutionen den *authorities* zu: „Authorities include, of course, all public officials from chief executives, legislators, judges and administrators down to the local city clerks and policemen, as well as the institutions, such as legislatures or courts, of which they are part" (EASTON 1975: 438). Andererseits unterscheidet er zwischen der Institution an sich und dem Amtsinhabern: „Whereas specific support is extended only to the incumbent authorities, diffuse support is directed towards offices themselves as well as towards their indivudual occupants (EASTON 1975: 445).

Eine Klärung dieser Verwirrung bietet FUCHS an: „Strenggenommen ordnet EASTON die einzelnen Institutionen der Kategorie der Autoritäten zu, während das Regime durch die spezifische Zusammenhangsstruktur (structure of authority roles) gekennzeichnet ist" (FUCHS 1989: 15). Unter Berücksichtigung der Unterscheidung von Rollen an sich und den Rolleninhabern und deren Bedeutung für die Persistenz des Regimes „muß man u.E. letztlich auch die einzelnen Institutionen bzw. Rollen dem Regime zurechnen" (FUCHS 1989: 16). Aus diesem Grunde werden in dieser Arbeit die politischen Institutionen dem *regime* im Sinne EASTONs zugeordnet (siehe Abbildung 7).

3.3 Institutionenvertrauen

Legt man die zu eingangs formulierte Definition von politischem Vertrauen zugrunde, so läßt sich Institutionenvertrauen folgendermaßen beschreiben: Politisches Vertrauen in Institutionen ist die einseitige Übertragung von Kontrolle über Ressourcen, Handlungen und Ereignissen. Damit einher gehen bestimmte generalisierte Erwartungshaltungen der Vertrauenssubjekte; diese erwarten von politischen Objekten (hier den Institutionen), die ihnen übergebene Macht den Wünschen der Subjekte entsprechend auszuüben.

Werden diese Erwartungen nicht erfüllt, können *authorities* über den Wahlakt um ihr Amt gebracht werden (Mißtrauen) und Vertrauen auf andere Personen übertragen werden. Institutionen und institutionelle Ordnungen selbst können nicht über einen Wahlakt abgesetzt werden. Daher stellt das *regime* eine wesentlich bedeutendere Kategorie für die Persistenz eines politischen Systems dar, da hier das entgegengebrachte Vertrauen wesentlich stabiler sein sollte, um die Dauerhaftigkeit des Systems zu sichern. Aus diesem Grunde werden bestimmte generalisierte Erwartungen an die politischen Institutionen in einem demokratischen System gestellt. Umschrieben werden können diese Erwartungen als ein Teil der politischen Legitimität, da den Institutionen dann Vertrauen entgegengebracht wird, wenn „prinzipielle Grundnormen und Verfahren [bei; S.E.] der Entscheidungsbildung" (MANDT 1989: 504) berücksichtigt werden (fairer und effektiver policy-Prozeß). Zusammengefaßt heißt dies: „Bei einzelnen Institutionen geht es also um *den intra-institutionellen* Prozeß der „output"-Produktion. Es geht um die Erwartung, daß die jeweiligen Institutionen beziehungsweise die institutionelle Ordnung insgesamt in der Lage ist, einen politischen Prozeß zu gewährleisten, der den individuellen Erwartungen entspricht" (WALZ 1996: 60f.).

3.4 Determinanten des politischen Vertrauens in Institutionen

Verschafft man sich einen ersten Überblick über den Forschungsstand über das Vertrauen in den Deutschen Bundestag, so fällt auf, daß es zu diesem Thema so gut wie keine empirischen Forschungsarbeiten gibt. Die wenigen Studien in der Bundesrepublik sind meist deskriptiv und beschreiben die Entwicklung des Institutionenvertrauens über mehrere Jahre hinweg oder im Vergleich zu anderen Ländern (vgl. SCHÜTTEMEYER 1984; GABRIEL 1993, 1996a; PLASSER / ULRAM 1994; KRÜGER 1995; WALZ 1996; 1997). Diese Zeitreihen lassen keinen Rückschluß zu, auf welche Determinanten sich das politische Vertrauen in das Parlament stützt. Dennoch existieren für die Bundesrepublik wenigstens zwei Arbeiten, die sich teilweise auf den Bundestag beziehen und zugleich versuchen, Hypothesen über den Zusammenhang von Vertrauen und dessen Einflußgrößen zu formulieren und diese dann empirisch zu testen.

Im folgenden werden die von der Forschung bisher identifizierten Determinanten beschrieben und die damit verbundene Diskussion um einige umstrittene Faktoren aufgezeigt.

3.4.1 Soziodemographische und soziostrukturelle Merkmale

Im allgemeinen werden unter den soziodemographischen oder soziostrukturellen Merkmalen v.a. die Variablen Geschlecht, Alter, Bildung, Konfession, Kirchgangshäufigkeit, Schichteinschätzung bzw. –zugehörigkeit, Einkommen und Berufsbezeichnung zusammengefaßt. Diese Merkmale werden in der Regel bei jeder Befragung erhoben und in die Analysen miteinbezogen.

Auf Basis der Internationalen Wertestudie 1981, die in neun Staaten Westeuropas durchgeführt wurde, hat DÖRING (1990) eine Studie zu den Aspekte des Vertrauens in Institutionen erstellt. Ausgehend von demokratietheoretischen Überlegungen wird die Frage gestellt, „bis zu welchem Grade, wenn überhaupt, [...] sich im epochalen Strukturtyp des liberal-demokratischen System generelle, länderübergreifende Einstellungen der Bürger (und Bürgerinnen) in Westeuropa zu den etablierten Institutionen aufdecken [lassen; S.E.]" (DÖRING 1990: 73).

Aus den Vorüberlegungen und aus den Ausführungen von PARRY (1976) entwickelt DÖRING vier Hypothesen über die Einstellungen zu Institutionen:

- Zunächst stellt er die Hypothese auf, daß der kirchlich gebundene Teil der Bevölkerung insgesamt ein höheres Vertrauen in sämtliche Institutionen aufweist als die nicht kirchlich gebundenen.

- Die zweite Hypothese beschäftigt sich mit dem Zusammenhang von Bildung und Institutionenvertrauen. Danach sei bei höher Gebildeten ein niedrigeres Vertrauen in die Institutionen allgemein zu erwarten als bei elementar Gebildeten.

- Die zweite Hypothese wird durch die dritte spezifiziert, indem DÖRING bei Menschen mit höherer Bildung ein höheres Vertrauen in die Institutionen Parlament, Justiz und Presse vermutet.

- Schließlich wird in der vierten Hypothese ein negativer Zusammenhang zwischen Institutionenvertrauen und prinzipieller Institutionenfeindschaft bzw. autoritärer Einstellung vermutet.

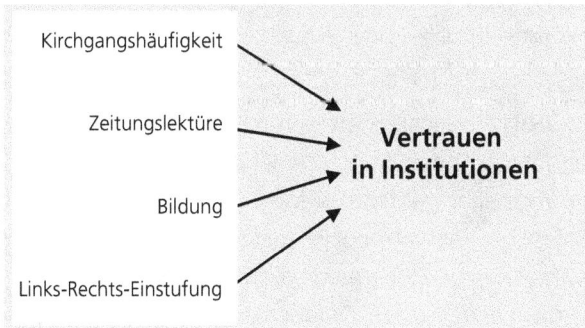

Kirchgangshäufigkeit

Zeitungslektüre

Vertrauen in Institutionen

Bildung

Links-Rechts-Einstufung

Abbildung 8: Vertrauen in Institutionen (nach DÖRING 1990)

Die Arbeit DÖRINGS über das Institutionenvertrauen in neun westeuropäischen Staaten gibt einen ersten Hinweis über die verschieden Einflußgrößen und Determinanten. Wie man Abbildung 8 entnehmen kann, sind zwei der vier vermuteten Einflußgrößen in die Kategorie der soziodemographischen Merkmale einzuordnen (Kirchgangshäufigkeit und Bildung). Auch andere Autoren verweisen auf die Relevanz der soziodemographischen Merkmale. WALZ (1996) formuliert z.B. die Hypothese, daß neben den allgemeinen soziodemographischen Variablen auch die Einstellungs- und Wertindikatoren („politische Attitüden", *political factors*) eine Rolle spielen. In seiner Studie untersucht er dann eine Vielzahl soziodemographischer Merkmale auf ihre Relevanz hinsichtlich des politischen Vertrauens in politiknahe Institutionen (darunter werden Bundestag, Bundesrat und die Bundesregierung gezählt). Aus den geschilderten Hypothesen läßt sich wiederum ein Schaubild der entsprechenden Zusammenhänge erstellen (siehe Abbildung 9).

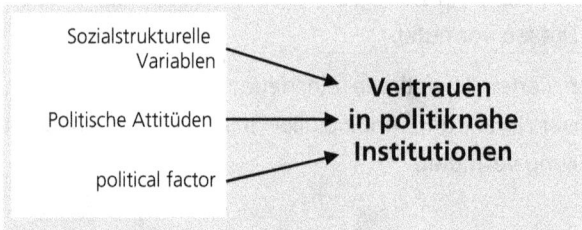

Abbildung 9: Vertrauen in politiknahe Institutionen (vgl. WALZ 1996: 152ff.)

Sowohl WALZ als auch DÖRING beschäftigen sich mit den Institutionen im allgemeinen, die Relevanz für die Betrachtung des Deutschen Bundestages muß daher jeweils einzeln abgeleitet werden. Bei WALZ fällt auf, daß er sich mit einer Vielzahl von Daten beschäftigt und in seinen Schlußfolgerungen keine eindeutige Aussage über die nun konkreten soziodemographischen Determinanten geben kann, da diese je nach Datensatz, Befragungsjahr und Untersuchungsobjekt (politiknahe / politikferne Institutionen) schwanken (vgl. WALZ 1996: 196). In den bivariaten Untersuchungen konstatiert er einen Zusammenhang „zwischen den Merkmalen Alter, Bildung, Konfession, Kirchgangshäufigkeit, Einkommen und dem jeweiligen Institutionenvertrauen, eindeutig oder kaum interpretierbar sind die Befunde zwischen den Variablen Schicht und Berufsgruppe und dem jeweiligen Vertrauensniveau" (WALZ 1996: 155). In den multivariaten Analyse jedoch verwischen sich die Spuren dieser Variablen so stark, daß keine eindeutige Aussage über ihren Erklärungswert gemacht werden kann.

Aus den bisher genannten Studien geht nicht eindeutig hervor, welche soziodemographischen Variablen für das politische Vertrauen in das Parlament von Relevanz sind. In weiteren Studien wird der Einfluß dieser Determinanten unterschiedlich bewertet (PLASSER / ULRAM 1994; HETHERINGTON 1998). Während einige Autoren von starken Zusammenhängen zwischen soziodemographischen Variablen und politischem Vertrauen ausgehen (vgl. AGGER u.a. 1961), sind andere Verfasser der Meinung, daß diese Variablen einen geringen Einfluß auf das politische Vertrauen haben (vgl. ABERBACH / WALKER 1970: 1206ff.).

3.4.2 Sozio-ökonomische Faktoren

Neben den soziodemographischen Merkmalen gibt es die sozioökonomischen Variablen, die als Erklärungsfaktoren für das politische Vertrauen in Institutionen betrachtet werden. Zum Teil überschneiden sich die Variablen mit den bereits beschriebenen, da hier hauptsächlich das Einkommen und sozialer Status abgefragt werden. Daneben werden die Einschätzungen zur eigenen und allgemeinen wirtschaftlichen Lage sowie der zukünftigen wirtschaftlichen Entwicklung erhoben.

Während DÖRING diese Variablen in seiner Arbeit nicht abfragt, geht WALZ in seiner Studie davon aus, daß die Faktoren „individuelle wirtschaftliche Lage" und „Einschätzung der allgemeinen wirtschaftlichen Lage" keinen oder nur einen schwachen Erklärungsbeitrag leisten können (vgl. WALZ 1996: 162).

Im Gegensatz dazu bewerten PLASSER / ULRAM die Zufriedenheit mit der ökonomischen Entwicklung etwas anders. Ihren Ausführungen zufolge haben ökonomische Faktoren einen hohen Erklärungswert, da sie „mit einer substanziellen Verschlechterung der materiellen Lebensumstände, Einbußen im Lebensstandard, Bedrohung des Arbeitsplatzes und soziale Statusängsten korrelieren" (PLASSER / ULRAM 1997: 376).

Eine neuere Untersuchung zum Vertrauen in die nationalen Parlamente in den neuen Demokratien in Zentral- und Osteuropa stellen HIBBING und PATTERSON vor. Ausgehend von der Fragestellung, „under what conditions do citizens support democratic political institutions like parliamentary bodies" (HIBBING / PATTERSON 1994: 572) analysieren sie die Einstellungen der Bevölkerung gegenüber dem Parlament in neun Ländern.[11] Die Autoren der Studie orientieren sich dabei am Unterstützungsbegriff von EASTON, wonach es sowohl spezifischer als auch diffuser Unterstützung für ein politischen System zur Erhaltung der Stabilität bedarf.

Ausgehend von empirischen Daten und der Vermutung, daß die neuen demokratischen Systeme in diesen neun Ländern in ihrer Stabilität zum großen Teil sehr gefährdet sind, formulieren HIBBING und PATTERSON drei Forschungsfragen (vgl. HIBBING / PATTERSON 1994: 575):

• Welche Öffentlichkeit unterstützt am wahrscheinlichsten ein demokratisches Parlament?

• Welcher Teil der Bevölkerung ist unzufrieden mit den Leistungen des neuen Parlaments?

• Welche Determinanten herrschen vor, um Vertrauen bzw. Mißtrauen und Unzufrieden mit dem neuen Parlament erklären zu können?

Für die neun genannten Länder liegen Umfragedaten aus den Jahre 1990 (November) und 1991 (August) vor, mit jeweils 1.000 bis 3.000 befragten Personen pro Land. Durchgeführt wurde die Befragung von der Ungarischen Akademie für Wissenschaften. In diesen beiden Jahren waren die Transitionsprozesse in den meisten der Länder noch nicht abgeschlossen, so daß die Vergleichbarkeit der einzelnen Länderergebnisse mit Vorsicht vonstatten gehen muß (siehe hierzu auch HIBBING / PATTERSON 1994: 576f.).

---

[11] die untersuchten Länder sind Ukraine, Estland, Polen, Tschechoslowakei, Slowenien, Bulgarien, Ungarn, Rumänien und Litauen

Dennoch sind sich die Verfasser der Studie sicher, aus den Ergebnissen Determinanten des Parlamentsvertrauens identifizieren zu können.

Die abhängige Variable bildete bei ihrer Untersuchung folgende Frage (HIBBING / PATTERSON 1994: 578):

> „In order to get ahead, people need to have confidence and to feel that they can trust themselves and others. To what degree do you think that you trust [the parliament; S.E.]: totally, to a certain point, little, or not at all?

Ziel ist nun eine Erklärung für das Vertrauen bzw. Mißtrauen in das Parlament zu finden. In ihrer Analyse gehen sie von vier Quellen des politischen Vertrauen in das Parlament aus.

Die erste Quelle nennen sie „the nature of the times" (HIBBING / PATTERSON 1994: 578), welche die Zufriedenheit über die politische, wirtschaftliche und gesellschaftliche Entwicklung im jeweiligen Befragungsland umfaßt. Die Annahme ist hierbei, daß diejenigen Befragten, die sich hier optimistisch äußern, dem Parlament eher Vertrauen entgegenbringen, als Menschen, die die politische, wirtschaftliche und gesellschaftliche Lage pessimistisch einschätzen. In ihren empirischen Analysen stellen HIBBING und PATTERSON fest, daß der Einfluß der Variablen, die „the nature of the times" beschreiben (also v.a. die Zufriedenheit mit der ökonomischen Entwicklung) einen hohen Erklärungswert für das Vertrauen in das Parlament darstellen.

3.4.3 Politische Einstellungen

Einige Autoren verwenden in ihren Analysen zur Erklärung politischen Vertrauens Indikatoren wie z.B. die allgemeine Systemzufriedenheit oder die politische Einstellungen[12] der Befragten.

DÖRING etwa vermutet einen negativen Zusammenhang zwischen Institutionenvertrauen und prinzipieller Institutionenfeindschaft. Dies soll besagen, daß Anhänger autoritärer Einstellungen den politischen Institutionen eher nicht

---

[12] unter politischen Einstellungen werden hier v.a. Parteiidentifikation, Parteineigung, Links-Rechts-Einstufung und Materialist-Postmaterialist-Index verstanden

vertrauen als solche, die liberalen Werte zugeneigt sind (vgl. DÖRING 1990: 87ff.). Unter Kontrolle des Bildungsgrades kommt DÖRING in seinen Untersuchungen zu dem Schluß, daß „je stärker institutionenkritisch die Teilgruppen sind, desto größer [...] ist dann, wenn sie höher gebildet sind, die von ihrem allgemein niedrigem Vertrauen abweichende positive Bewertung von Parlament, Presse und Justiz" (DÖRING 1990: 86). Als institutionenkritisch bezeichnet DÖRING solche Befragten, die unter 30 Jahre alt waren und sich als „links" einstuften.

Zu einem anderen Ergebnis kommt WALZ. In seinen Analysen kommt er zu dem Schluß, daß „Befragte, welche sich auf der Links-Rechts Skala als „Links" einstufen, weniger Vertrauen in Institutionen [haben; S.E.] als Befragte, die sich selbst politisch in der „Mitte" oder als „Rechts" einstufen. [...] Befragte, die primär materialistische Wertepräferenzen bevorzugen, haben wesentlich mehr Vertrauen in Institutionen, als Befragte der Mittelkategorie (sogenannte Mischtypen [des Ingelhart-Index; S.E.]), und erst recht als Befragte mit einer Präferenz für sogenannte postmaterialistische Werte" (WALZ 1996: 155).

Wie bereits bei den soziodemographischen Variablen verlieren diese Faktoren an Erklärungswert, sobald man sie in die multivariate Analyse miteinbezieht. „Keinen signifikanten Erklärungsbeitrag im multivariaten Modell leisten [...] die sozialstrukturellen Variablen, während ebenfalls die Wertepräferenzen [...] keine Rolle spielen" (WALZ 1996: 162).

Lediglich der Selbsteinschätzung auf dem Links-Rechts-Kontinuum und der Parteiidentifikationsvariable werden Erklärungswerte beigemessen.

Zu einem ähnlichen Ergebnis kommen KIMBALL / PATTERSON in ihrer Untersuchung zum Vertrauen in den amerikanischen Kongreß. Eine ihrer Hypothesen besagt, daß die Parteineigung eine wesentliche Rolle zur Erklärung von politischer Unterstützung des Parlaments spielt, da Anhänger der Regierungspartei die zentralen Institutionen eher positiv bewerten würden als Oppositionsanhänger. In den multivariaten Analysen bestätigt sich dieser Zusammenhang, da hier die Parteiidentifikation und die Einschätzung der Arbeit des Präsidenten positiv mit der Bewertung des Kongresses korrelieren (vgl. KIMBALL / PATTERSON 1997: 716f.). Ändern sich etwa die politischen

Mehrheiten im Kongreß, dann verhält sich auch die gemessene Zufriedenheit vice versa: bei demokratischer Mehrheit im Kongreß sind die Anhänger der Demokraten zufriedener als die Republikaner, bei einer republikanischen Mehrheit im Kongreß dreht sich das Verhältnis herum. „This citizen sensitivity to partisan change in Congress is quite remarkable" (KIMBALL / PATTERSON 1997: 720).

Dagegen hat die Ideologie (operationalisiert als Stärke der Parteiidentifikation) keinen Einfluß auf die Einschätzung der Bürger über den Kongreß. „As related modeling has demonstrated, ideological orientations is not significant in our model, nor does it bear a significant bivariate correlation with congressional approval, despite the theoretical possibility that approval or disapproval of the congressional membership might carry ideological overtones" (KIMBALL / PATTERSON 1997: 720).

In der Studie von HIBBING / PATTERSON werden ebenfalls Einstellungsfaktoren auf ihre Relevanz für die Einschätzung des Vertrauens in das nationale Parlament untersucht. Dabei geht es um die allgemeine Einschätzung der Regierung und des politischen Umfeldes. Die Annahme ist, daß diejenigen, die der Regierung und den Oppositionsparteien vertrauen, eher auch dem Parlament vertrauen als diejenigen, die gegenüber der Regierung und der Politik allgemein entfremdet (*alienated*) sind. Wie die empirischen Ergebnisse aufzeigen, trifft dieser vermutete Zusammenhang ausnahmslos zu, lediglich die Stärke in den neun untersuchten Ländern variiert (vgl. HIBBING / PATTERSON 1994: 578ff.).

3.4.4 Bewertung von Politikern und Parteien

Während die bisher genannten Einflußfaktoren ein eher ambivalentes Bild vermitteln, scheint bezüglich der Variable „Politikereinschätzung" bzw. „Politikervertrauen" unter den Wissenschaftlern Einmütigkeit über deren Relevanz zu bestehen.

Sowohl in den bi- als auch in den multivariaten Analysen von WALZ wird dem Politikervertrauen ein hoher Stellenwert bei der Erklärung politischen Vertrauens zugewiesen. In den alten und neuen Bundesländern gleichermaßen geht von der Bewertung von Politikern und Parteien der stärkste Einfluß aus. Diese Aussage gilt aber nur für die politiknahen Institutionen (Bundestag, Bundesrat, Bundesregierung; vgl. WALZ 1996: 163).

Untersuchungen über den amerikanischen Kongreß veranschaulichen ebenfalls dieses Erkenntnis. Ein Hauptgrund für die Unzufriedenheit der Bürger mit dem US-Kongreß sei die weit verbreitete Skepsis bzw. Feindschaft gegenüber den bundesstaatlichen Institutionen und Politikern in den USA sowie die Geringschätzung für Politiker allgemein. Kurz gesagt: „Whatever its source, public distrust of government reflects dissatisfaction with politicians and the political processes they manipulate" (KIMBALL / PATTERSON 1997: 702).

Zu ähnlichen Ergebnissen kommen HIBBING / PATTERSON. Als Quelle für das Vertrauen in das Parlament wird das Politikervertrauen genannt. Diejenigen, die Politiker als integer und nicht auf ihren persönlichen Vorteil bedacht betrachten, würden dem Parlament eher Vertrauen entgegenbringen als Menschen, die Politiker als korrupt und selbstsüchtig einschätzen. In den empirischen Analysen wurde dieser Zusammenhang von ihnen nachgewiesen (vgl. HIBBING / PATTERSON 1994: 578ff.).

3.4.5 Politische Involviertheit und Informiertheit

Ein letzter Variablenkomplex, der in der Literatur oft genannt wird, bezieht sich auf die politische Involviertheit bzw. auf die Informiertheit.

KIMBALL / PATTERSON gehen davon aus, daß die Berichterstattung der Massenmedien über den Kongreß einen Einfluß auf dessen Ansehen in der Bevölkerung habe. Als letztes Variablenbündel nennen die Autoren die *political efficacy* als möglichen Einflußfaktor, operationalisiert über politisches Wissen, Partizipation (Teilnahme an den letzten nationalen Wahlen) und Medienkonsum. Zusammenfassend stellen sie nach der empirischen Analyse fest, daß „finally, the political involvement measures in our model do not bear fruit. Measures of media exposure, political interest, and political knowledge are not significant correlates of congressional approval" (KIMBALL / PATTERSON 1997: 720).

Zu einem ähnlichen Ergebnis kommen HIBBING / PATTERSON. In ihren Analysen nennen sie als Quelle des politischen Vertrauens in das Parlament den Grad der politischen Informiertheit und Involviertheit (*political mobilized*). Darunter vermuten sie, daß diejenigen, die politische interessiert, involviert und mobilisiert sind, eher dem Parlament vertrauen als diejenigen, die uninformiert und gleichgültig gegenüber politischen Dingen sind. In den empirischen Analysen haben sich diese Einschätzungen allerdings nicht bestätigt, sondern eher das Gegenteil belegt. „Still, political involvement and efficacy variables actually show negative effects on parliamentary trust – the more citizens are politically involved and efficacious, the less trusting they are in parliament" (HIBBGING / PATTERON 1994: 591). Informiertheit und Involviertheit haben danach einen negativen Effekt auf das politische Vertrauen in das Parlament.

3.5 Zwischenbilanz

In Tabelle 1 sind nochmals die wichtigsten Determinanten aufgeführt, eingeordnet nach den jeweils berücksichtigten Forschungsarbeiten.

Die Aufstellung der Studien erhebt keinen Anspruch auf Vollständigkeit, vielmehr soll exemplarisch dargestellt werden, inwieweit sich die benutzten Erklärungsfaktoren der Studien voneinander unterscheiden. Die Arbeiten von DÖRING und WALZ beziehen sich auf deutsche Institutionen allgemein, KIMBALL / PATTERSON auf den amerikanischen Kongreß, die Studie von HIBBING / PATTERSON auf nationale Parlamente ost- und mitteleuropäischer Länder.

Forscher	Döring	Hibbing / Patterson	Walz	Kimball / Patterson
Jahr	1990	1994	1996	1997
untersuchte Institution(en)	politiknahe und politikferne Institutionen in neun westeuropäischen Staaten	US-Kongreß	politiknahe und politikferne Institutionen der Bundesrepublik Deutschland	Parlamente neun osteuropäischer Länder
identifizierte relevante Determinanten				
allgemeine wirtschaftliche Lage / ökonomischer Faktor		√	√	
Parteiidentifikation			√	√
Problemlösungskompetenz der Parteien			√	
Einschätzung der Regierung		√		
Einschätzung der Opposition		√		
Einschätzung Präsident				√
Parteienbewertung			√	
Politikerbewertung			√	
Politikereinschätzung		√	√	√
Links-Rechts-Einstufung	√		√	
external efficacy			√	
internal efficacy			√	
Alter			√	
Kirchgangshäufigkeit	√			
Nationalstolz	√			
Vertrauen in Mitbürger	√			
Bildungsgrad	√			
politische Informiertheit		√		
Zeitungslektüre	√			
prinzipielles Institutionenmißtrauen	√			

√ = dieser Variable wird Erklärungswert beigemessen

Tabelle 1: Übersicht über die Forschungsarbeiten und die relevanten Determinanten

3.6 Hypothesenbildung

Das Forschungsinteresse dieser Arbeit ist die Identifizierung der relevanten Determinanten des politischen Vertrauens in den Deutschen Bundestag. Ziel soll sein, die Einstellungen der Bevölkerung in Ost- und Westdeutschland gegenüber dem Parlament aufzuzeigen (Ausmaß) sowie Auskunft darüber zu erteilen, wie das Vertrauen in den gesellschaftlich-politischen Gruppen verteilt ist (Verteilung) sowie in welchen Bevölkerungsgruppen eher politisches Vertrauen anzutreffen ist (Struktur). Des weiteren sollen Kennzeichen bzw. Merkmale des politischen Vertrauens in den Deutschen Bundestag ermittelt werden (Determinanten). Aus den vorangegangenen Überlegungen und der damit verbundenen Analyse der bisherigen Forschungsarbeiten lassen sich einige Hypothesen generieren, die im folgenden zu untersuchen sind.

3.6.1 Bezüglich des Ausmaßes politischen Vertrauens

Die westdeutsche Bevölkerung ist mehr oder weniger mit dem Deutschen Bundestag aufgewachsen und vom politischen System der Bundesrepublik sozialisiert worden. Im Gegensatz dazu wurde die Bevölkerung der ehemaligen DDR mehrheitlich durch das sozialistische System sozialisiert, persönliche Erfahrungen mit dem Deutschen Bundestag konnten erst seit 1989/90 gemacht werden (also seit dem Institutionentransfer von West nach Ost). Daher ist anzunehmen, daß sich das Ausmaß des politischen Vertrauens in den Deutschen Bundestag in Ost und West unterscheidet:

- Trotz nahezu zehnjähriger Erfahrung mit dem politischen System der Bundesrepublik in Ostdeutschland ist anzunehmen, daß das Vertrauen in den Deutschen Bundestag im Westen stärker ausgeprägt ist als im Osten Deutschlands. Dies resultiert direkt aus dem Vorsprung an Erfahrung der Westdeutschen mit der Institution „Deutscher Bundestag".

3.6.2 Bezüglich der Verteilung des politischen Vertrauens

Unter der Annahme, daß Stabilität in einem politischen System dann gegeben ist, wenn sich die politische Struktur kongruent zur politischen Kultur verhält (vgl. ALMOND / VERBA 1965: 16ff.) und davon ausgeht, „daß es in einer *homogenen* politischen Kultur keine systematischen Zusammenhänge zwischen einzelnen Parteianhängern und ihrem Institutionenvertrauen gibt" (WALZ 1996: 105), lassen sich folgende Hypothesen aufstellen:

- Es gibt keine systematischen Zusammenhänge zwischen der Zugehörigkeit zu einer gesellschaftlich-politischen Gruppe und der Regimeunterstützung. Sollten trotzdem Unterschiede erkennbar sein, ist das politische System als (noch) nicht stabil zu bezeichnen.

- Die individuelle Parteibindung der Befragten wirkt sich auf die Einstellung gegenüber den politischen Herrschaftsträgern aus. Im Gegensatz dazu darf die Parteibindung auf die Systemunterstützung keinen Einfluß haben, gleichfalls dürfen sich die parteigebundenen Befragten in ihrer Einschätzung gegenüber der Institution Bundestag nicht von jenen unterscheiden, die an keine Partei gebunden sind.

- Anhänger der Regierungspartei werden ein höheres Maß an politischem Vertrauen haben als Anhänger der Oppositionspartei. Berücksichtigt man den Faktor der schwächeren Ausprägung der Parteienlandschaft in den neuen Bundesländern, wird der Unterschied im Osten schwächer ausfallen im Westen.

- Anhänger links- oder rechtsextremistischer Parteien werden weniger Vertrauen in den Deutschen Bundestag haben als der Rest der Bevölkerung. Dies gilt für beide Teile Deutschlands.

3.6.3 Bezüglich der Struktur des politischen Vertrauens

Anlehnend an DÖRING lassen sich zur Struktur des politischen Vertrauens in der gesamten Bevölkerung folgende Hypothesen aufstellen:

- Vor allem im Westen werden ältere Menschen dem Deutschen Bundestag deutlich mehr Vertrauen entgegenbringen als die jüngeren. Mit zunehmenden Alter steigt also das Vertauen in das Parlament; im Osten wird sich diese angenommene Linearität nicht so deutlich zeigen, da dort die älteren Bürger hauptsächlich von der Gesellschaft der ehemaligen DDR sozialisiert wurden und sie konkrete Erfahrungen mit dem parlamentarischen System der Bundesrepublik erst seit rund zehn Jahren aufweisen können.

- Formal höher Gebildete werden dem Parlament ein höheres Vertrauen entgegenbringen als wenig stark Gebildete. Grund hierfür ist der, „daß sich höher Gebildete nicht etwa durch Abwendung von, sondern durch größere Hinwendung zu den Normen der liberalen Demokratie auszeichnen" (DÖRING 1990: 76).

- Zurückgreifend auf die Ausführungen DÖRINGS läßt sich eine weitere Hypothese aufstellen, nämlich daß der kirchlich gebundene Teil der Bevölkerung dem Parlament ein höhere Vertrauen entgegenbringt als Laizisten. Begründet wird dies mit der „Legitimationsdoktrin des Gottesgnadentums" und der „vertrauensvollen Hingabe der Untertanen an den Herrscher als Stellvertreter Christi auf Erden" (DÖRING 1990: 75).

- Schließlich läßt sich eine vorletzte Teilhypothese aufstellen, die davon ausgeht, daß Befragte mit einer optimistischen Einschätzung der allgemeinen und individuellen wirtschaftlichen Lage dem Parlament ein höheres Vertrauen entgegenbringen als andere.

3.6.4 Bezüglich der Determinanten des politischen Vertrauens

Rückblickend auf die bereits geschilderten Ergebnisse anderer Untersuchungen zum politischen Vertrauen in das Parlament können folgende Hypothesen für die Determinanten des Vertrauens in den Deutschen Bundestag formuliert und somit als relevante Einflußgrößen angesehen werden:

- Unter Berücksichtigung anderer Untersuchungen ist zu erwarten, daß die sog. soziodemographischen und soziostrukturellen Variablen einen geringen Einfluß auf das politische Vertrauen haben werden. Dies betrifft v.a. die Faktoren Alter, Bildung, Konfessionszugehörigkeit und Kirchgangshäufigkeit.

- Dagegen ist bei den sog. sozio-ökonomischen Variablen v.a. im Osten Deutschlands ein starker Effekt zu erwarten, da sich dieser Komplex mit der Einschätzung zur allgemeinen und individuellen wirtschaftlichen Lage beschäftigt. Es ist anzunehmen, daß Befragte, die mit der ökonomischen Entwicklung zufrieden sind, dem Bundestag ein höheres Vertrauen entgegenbringen als andere Befragte.

- Das Politikervertrauen bzw. die Politikereinschätzung wird einen hohen Beitrag zur Erklärung von politischem Vertrauen in den Bundestag leisten, in Ost und West gleichermaßen. Es ist zu erwarten, daß die Werte im Osten deutlich ausgeprägter sind als im Westen, da sich die „blühenden Landschaften", die Helmut Kohl einst ankündigte, noch nicht flächendeckend entwickelt haben und sich die Lebensverhältnisse in Ost und West immer noch unterscheiden. Daher dürfte die Bevölkerung im Osten die Arbeit der Politiker weitaus kritischer betrachten als die Bewohner in den alten Bundesländern.

- Zu prüfen ist noch ein weiterer Hypothesenkomplex, nämlich der Zusammenhang zwischen politischer Involviertheit und Informiertheit und politischem Vertrauen. Überträgt man die Befunde zu Untersuchungen des amerikanischen Kongresses und anderer nationaler Parlamente auf den Bundestag, so ist zu erwarten, daß ein hoher Grad an politische Involviertheit und Informiertheit zu eher geringerem Vertrauen gegenüber dem Parlament führen.

3.7 Weitere Vorgehensweise

Zunächst wird im folgenden ein erster Teil der Hypothesen mit bivariaten Analysen überprüft. Dabei kommen verschiedene Methoden zum Einsatz, so z.b. univariate Varianzanalysen und bivariate Kreuztabellen. Da mit diesen Methoden sicher nicht alle Hypothesen geprüft werden können und bestimmt auch nicht die relevanten Determinanten des politischen Vertrauens in den Deutschen Bundestag insgesamt eliminiert werden können, schließt sich nach der bivariaten Betrachtungsweise ein weiteres Kapitel an. Hier werden nun anhand verschiedener Regressionsmodelle (die im wesentlichen auf den schon vorgestellten Erklärungsversuchen basieren) die aussagekräftigsten Variablen herausgefiltert und in einem neuen, dieses Mal als mehrdimensional bezeichnetes, Regressionsmodell diejenigen Determinanten eliminiert, von denen sowohl in West- als auch Ostdeutschland die stärksten Effekte ausgehen. Es schließt sich dann das Schlußkapitel mit einer Zusammenfassung der Erkenntnisse und dem weiteren Ausblick bzw. der Diskussion an.

4   Datenanalyse

4.1   Datengrundlage

Für die folgenden empirischen Untersuchungen werden die Daten der Projektgruppe „Politische Einstellungen, politische Partizipation und Wählerverhalten im vereinigten Deutschland" aus dem Jahr 1998 benutzt. Dieses Projekt wurde von der Deutschen Forschungsgesellschaft (DFG) gefördert, geleitet wird das Forschungsprojekt von Prof. Dr. Oscar W. Gabriel (Universität Stuttgart), Prof. Dr. Jürgen W. Falter (Universität Mainz) und Prof. Dr. Hans Rattinger (Universität Bamberg). Durchgeführt wurde die Befragung von der Gesellschaft für Marketing-, Kommunikations- und Sozialforschung mbH, Hamburg.

Das Studiendesign beinhaltet eine Vor- und Nachwahlerhebung (Bundestagswahl 1998) in Ost- und Westdeutschland. Dabei wurden 1633 Personen in der Vorwahlstudie (1106 West / 527 Ost) befragt, 1704 in der Nachwahlstudie (1124 West / 580 Ost); damit beläuft sich die Gesamtzahl der Befragten auf N=3337 Personen. Durchgeführt wurden die Umfragen im Zeitraum zwischen dem 24. August 1998 und 8. November 1998.

4.2   Zur Operationalisierung von politischem Vertrauen

Zunächst gilt es, die Begrifflichkeiten, mit denen hier gearbeitet wird, näher zu operationalisieren. Dabei steht man zuerst vor dem Problem, daß sich die bisherigen Analysen nicht explizit mit dem politischen Vertrauen in Institutionen beschäftigt haben. Bei Sekundäranalysen ist es daher nur über Umwege möglich, politisches Vertrauen allgemein zu operationalisieren.

Da diese Arbeit sich primär mit dem politischen Vertrauen in das Parlament beschäftigt und nicht mit dem politischen Vertrauen allgemein, bleibt lediglich der Hinweis auf die Schwierigkeiten bei der Implementierung eines validen und reliablen Index zur Vertrauensmessung (siehe FELDMAN 1983; HOFF-MANN-LANGE 1995; WALZ 1996; KIMBALL / PATTERSON 1997; HETHE-RINGTON 1998). Oftmals wird in der bisherigen Literatur das politische Vertrauen mit dem Instrument der externen politischen Effektivität *(external political efficacy)* gemessen. So faßt etwa HOFFMANN-LANGE (1995: 362 ff.) die Variablen

- Ich glaube nicht, daß sich die Politiker viel darum kümmern, was Leute wie ich denken.
- Leute wie ich haben so oder so keinen Einfluß darauf, was die Regierung tut.
- Die Politiker sind doch sowieso nur daran interessiert, gewählt zu werden, und nicht daran, was die Wähler wirklich wollen.
- Bei uns gibt es nur einige wenige Mächtige, und alle anderen haben keinen Einfluß darauf, was die Regierung tut.

zu einem additiven Index des politischen Vertrauens zusammen. Politisches Vertrauen und *external political efficacy* werden hier also als gemeinsame und gleichwertige Konstrukte aufgefaßt.

Genauso wenig wie der bereits zitierte Trust-in-Government-Index ist diese von HOFFMANN-LANGE vorgeschlagene Vorgehensweise für die Messung des politischen Vertrauens in den Bundestag brauchbar. Es erfolgt nämlich keine Abfrage typischer Einstellungs- und Bewertungsmerkmale des Bundestages, sondern vielmehr werden Regierungsaktivitäten bzw. die Politikerkaste an sich zur Messung politischen Vertrauens herangezogen. Für die Einschätzung des Vertrauens in das Parlament erscheint mir daher diese Vorgehensweise nicht ratsam.

Zudem wird, und dort beginnt wieder die gleiche Diskussion wie schon bei MILLER-CITRIN, nicht deutlich, was die beiden Indizes *(trust-in-government / external political efficacy)* tatsächlich messen: Beziehen sich die Ergebnisse auf die Institution selbst oder auf die darin tätigen Amtsinhaber und Akteure?

Für die vorliegende Arbeit wird das politische Vertrauen in den Deutschen Bundestag explizit mit der folgenden Frage gemessen (der genaue Wortlaut und die Häufigkeitsverteilungen aller benutzter Variablen sind im Anhang dokumentiert):

„Ich lese Ihnen jetzt eine Reihe von öffentlichen Einrichtun-
gen vor. Sagen Sie mir bitte anhand dieser Liste bei jeder, ob
Sie ihr vertrauen oder nicht. Nennen Sie jeweils den Skalen-
wert.
Wie ist das mit dem Bundestag?"

Damit wird deutlich, daß hier lediglich die Institution „Bundestag" abgefragt
wird; das Parlament wird dem Orientierungsobjekt *regime* zugeordnet und ist
daher auch eine Teilmenge der Kategorie „Vertrauen" der diffusen Unterstützung im Sinne EASTONS.

4.3   Empirische Befunde zum Ausmaß des politischen Vertrauens

Die Entwicklung des politischen Vertrauens in den Deutschen Bundestag verläuft nicht geradlinig, sondern ist starken Schwankungen unterworfen. Einen
Beleg für das sinkende Vertrauen in die zentralen politischen Institutionen
(hierzu zählt man den Bundestag, die Bundesregierung und die politischen
Parteien) liefern diverse Zeitreihenuntersuchungen. Die am gründlichsten deskriptiven Untersuchungsergebnisse legt Suzanne SCHÜTTEMEYER (siehe
hierzu SCHÜTTEMEYER 1986: 238ff.) in ihrer Arbeit über den Deutschen
Bundestag vor. Sie dokumentiert darin das Schwinden des Vertrauens in den
Bundestag anhand von Umfrageergebnissen der Institute INFAS und EMNID.

Umfragen vor dem Jahr 1980 beziehen sich in der Regel nicht direkt auf das
Vertrauen der Bevölkerung in den Bundestag; vor 1980 wurde in unregelmäßigen Abständen eine andere Frage für die Bewertung des Bundestages benutzt. EMNID etwa stellte seit 1951 in unregelmäßigen Abständen 17 mal die
Frage „Wie denken Sie über den Bonner Bundestag als unsere Volksvertretung?" mit den Antwortmöglichkeiten „Ausgesprochen gut", „im Grunde gut",
„mäßig", „schlecht" und „ohne Meinung" (siehe SCHÜTTEMEYER 1986:
242ff.). Diese Zeitreihe zeigt auf, daß im Durchschnitt etwa 40% der Befragten einen mäßigen oder schlechten Eindruck hatten, wobei 31% der im Jahr
1983 Befragten einen mäßigen oder schlechten Eindruck vom Bundestag
hatten. Zugleich hatte rund ein Fünftel der Befragten (21%) kein Vertrauen in
den Deutschen Bundestag. Aufgrund der verschiedenen Fragen (einerseits

„Eindruck", andererseits „Vertrauen") ergibt sich ein Unterschied von 10 Prozentpunkten; diese Differenz erklärt sich laut SCHÜTTEMEYER (1986: 252ff.) dadurch, „daß nicht dieselben Einstellungsdimensionen gemessen" wurden.

	1991	1992	1993	1994	1995	1996	1998 (1)	1998 (2)
NBL	51	42	33	42	44	30	34,9	44,2
ABL	70	58	57	53	62	43	47,4	52,8
PPD	-19	-16	-24	-11	-18	-13	-12,5	-8,6

Tabelle 2: Vertrauen in den Deutschen Bundestag in den neuen und alten Bundesländern, 1991 - 1998[13]

Zurückgreifend auf die Aussage Renate KÖCHERs, wonach das Vertrauen in die Institutionen kontinuierlich sinken würde, kann zumindest mit den aktuell vorliegenden Daten vorläufig Entwarnung gegeben werden. Obwohl sich die politischen Rahmenbedingungen in den letzten Jahren offensichtlich nicht nach den Wünschen der Mehrheit der Bevölkerung entwickelt haben, ist der

---

[13] Daten 1991 – 1996 entnommen aus GABRIEL 1996a: 263; Datenquelle *1991-1993, 1995*: IPOS-Studien. Frage: „Wir haben hier einige Einrichtungen aus dem Bereich des öffentlichen Lebens aufgeschrieben und möchten wissen, ob Sie diesen Einrichtungen vertrauen oder nicht vertrauen. Wie ist das mit dem Bundestag? Angaben: Prozentanteile der Antwortalternativen +1 bis +5 einer Skala von –5 (vertraue überhaupt nicht) bis +5 (vertraue voll). *1994*: DFG-Studie „Politische Einstellungen und politische Partizipation im vereinigten Deutschland". Frage: Ich lese Ihnen jetzt eine Reihe von öffentlichen Einrichtungen vor Sagen Sie mir bitte anhand dieser Liste bei jeder, ob Sie ihr vertrauen oder nicht. Angaben: Prozentanteile der Antwortalternativen 4 und 5 einer Skala von 1 (vertraue überhaupt nicht) bis 5 (vertraue voll und ganz). *1996*: KSPW-Studie. Frage: Ich lese Ihnen jetzt eine Reihe von öffentlichen Einrichtungen und Organisationen vor. Sagen Sie mit bitte bei jeder Einrichtung oder Organisation, wie groß das Vertrauen ist, das Sie ihr entgegenbringen. Angaben: Prozentanteile der Antwortalternativen +1 bis +3 einer Skala von –3 (vertraue überhaupt nicht) bis +3 (vertraue voll und ganz). *1998 (1)*: DFG-Studie „Politische Einstellungen, politische Partizipation und Wählerverhalten im vereinigten Deutschland – Vorwahl". Frage: Ich lese Ihnen jetzt eine Reihe von öffentlichen Einrichtungen vor Sagen Sie mir bitte anhand dieser Liste bei jeder, ob Sie ihr vertrauen oder nicht. Angaben: Prozentanteile der Antwortalternativen +1 und +2 einer Skala von -2 (vertraue überhaupt nicht) bis +2 (vertraue voll und ganz). *1998 (2)*: DFG-Studie „Politische Einstellungen, politische Partizipation und Wählerverhalten im vereinigten Deutschland –Nachwahl". Frage: Ich lese Ihnen jetzt eine Reihe von öffentlichen Einrichtungen vor Sagen Sie mir bitte anhand dieser Liste bei jeder, ob Sie ihr vertrauen oder nicht. Angaben: Prozentanteile der Antwortalternativen +1 und +2 einer Skala von -2 (vertraue überhaupt nicht) bis +2 (vertraue voll und ganz).

Verlust des politischen Vertrauens gestoppt worden, für 1998 zeigen die Werte eine steigende Tendenz an (siehe Tabelle 2).

Untersuchungen seit der deutschen Wiedervereinigung bestätigen zunächst den Eindruck des ansteigenden Vertrauensverlust in den Bundestag bis zum Jahre 1996. So sank das Vertrauen im Zeitraum von 1991 bis 1996 im Westen von anfangs 70 auf 43 Prozentpunkte, im Osten von 51 auf 30 Prozentpunkte. Mittlerweile scheinen sich die Werte zu erholen – in den neuen Bundesländern indes rascher als im Westen. So wurde in der Nachwahlbefragung von 1998 die niedrigste Prozentpunktdifferenz (PPD) seit der Einheit Deutschlands gemessen, nämlich 8,6 Prozentpunkte. Nimmt man die beiden Befragungen aus dem Jahr 1998 zusammen (nicht tabellarisch ausgewiesen), so ergibt sich ein PPD von 10,4 Prozentpunkten, mithin auch der niedrigste Wert seit Beginn der Messungen in beiden Teilen Deutschlands.

Die bisherigen Befunde beschreiben zwar eine Entwicklung bzw. einen Trend, jedoch erklären sie ihn nicht. Leider liegen für das Jahr 1997 keine Daten vor, so daß nicht genau aufgezeigt werden kann, wie sich die Entwicklung seit 1996 genau gestaltete. Dennoch überraschend genug sind v.a. die Ergebnisse aus der Vor- und Nachwahlbefragung 1998 in Ostdeutschland. Innerhalb weniger Monate steigt das politische Vertrauen in den Bundestag um fast zehn Prozentpunkte. Eine Erklärung fällt zum jetzigen Zeitpunkt schwer und bedarf noch weiterer Analysen. Eine Vermutung ist, daß der SPD in vielen Politikfeldern mehr Kompetenz eingeräumt wurde als den Unionsparteien (siehe JUNG / ROTH 1998; GABRIEL / BRETTSCHNEIDER 1998). Damit würden die Parteineigung und die Kandidatenorientierung eine Rolle bei der Erklärung von politischem Vertrauen spielen.

Zu Beginn der Arbeit wurde eine erste Hypothese aufgestellt, in der spekuliert wurde, daß das politische Vertrauen in den Deutschen Bundestag in den neuen Bundesländern weniger stark ausgeprägt sei als in den alten Ländern. Anhand der vorgestellten Zeitreihe kann diese Vermutung bestätigt werden, wobei gleichzeitig darauf verwiesen wird, daß mit den Messungen aus dem Jahr 1998 die niedrigste Differenz zwischen den beiden Regionen seit 1991 gemessen wurde.

4.4 Empirische Befunde zur Verteilung politischen Vertrauens

Ein Erkenntnisziel dieser Arbeit ist es, die Verteilung des politischen Vertrauens in das Parlament in der Bundesrepublik zu bestimmen. Den Hintergrund bilden bestimmte Annahmen hinsichtlich der Stabilität eines politischen Systems, welche nur dann gewährleistet ist, wenn die politische Kultur kongruent zur politischen Struktur ist. „A congruent political structure would be one appropriate for the culture: in other words, where political cognition in the population would tend to be accurate and where affect and evaluation would tend to be favorable" (ALMOND / VERBA 1965: 20). Verbunden mit diesen Annahmen ist, daß nicht nur alleine das Niveau (also das relative Ausmaß) eine wichtige Rolle bei der Stabilität des Regimes spielt, sondern auch die Verteilung des politischen Vertrauens innerhalb der verschiedenen gesellschaftlichen und parteipolitischen Gruppierungen eines Landes.

Basierend auf dieser Annahme wurden in dieser Arbeit einige Hypothesen bezüglich der Verteilung von politischem Vertrauen in den Bundestag formuliert. Die Kernaussagen sollen hier nochmals wiederholt werden:

- Es gibt keine systematischen Zusammenhänge zwischen der Zugehörigkeit zu einer gesellschaftlich-politischen Gruppe und der Regimeunterstützung.

- Die Parteibindung darf auf die Systemunterstützung keinen Einfluß haben, gleichfalls dürfen sich die parteigebundenen Befragten in ihrer Einschätzung gegenüber der Institution Bundestag nicht von jenen unterscheiden, die an keine Partei gebunden sind.

- Anhänger der Regierungspartei werden ein höheres Maß an politischem Vertrauen haben als Anhänger der Oppositionspartei.

- Anhänger links- oder rechtsextremistischer Parteien werden weniger Vertrauen in den Deutschen Bundestag haben als der Rest der Bevölkerung.

Aus diesem Grunde werden in den folgenden Analysen die Schwerpunkte auf die Untersuchung der subjektiven Schichtzugehörigkeit, der Links-Rechts-Selbsteinstufung und Materialismus-Postmaterialismus-Index gelegt. Darüber hinaus ist die Parteiidentifikation näher zu betrachten.

4.4.1 Subjektive Schichtzugehörigkeit

Die kreuztabellarische Übersicht der subjektiven Schichtzugehörigkeit und des politischen Vertrauens berücksichtigt nur die Extremwerte, die die abhängige Variable erreichen kann. Auffällig bei den empirischen Befunden ist v.a. das niedrige Niveau des Korrelationskoeffizienten für beide Teile Deutschlands (siehe Tabelle 3).

	Vertraue überhaupt nicht		Vertraue voll und ganz	
	ABL	NBL	ABL	NBL
Arbeiterschicht	54,4	70,6	37,6	49,2
Mittelschicht	43,2	28,2	56,2	44,3
Oberschicht	2,3	1,2	6,2	6,6
Pearson R	0,089	0,162		
N	2079	1001		

Quelle: DFG 1998 Vor- und Nachwahl, alte und neue Bundesländer, Zeilenprozentwerte der abhängigen Variable "Vertrauen in den Bundestag", eigene Berechnungen; die angegebenen Korrelationskoeffizienten sind mindestens auf dem 95%-Niveau signifikant

Tabelle 3: Subjektive Schichtzugehörigkeit und politisches Vertrauen

Der Erklärungswert, den die unabhängige Variable in diesem Fall leisten kann, ist somit äußerst gering und es ist anzunehmen, daß ihre Einflußgröße in einer multivariaten Analyse gänzlich schwinden wird.

Was nun die Verteilung des politischen Vertrauens in den Bundestag, bezogen auf das Merkmal Schichtzugehörigkeit, angeht, so zeigt sich deutlich, daß die Befragten, die sich der Arbeiterschicht zugehörig fühlen, weitaus weniger dem Bundestag vertrauen als die alle anderen Befragten zusammen. Nicht weiter erstaunlich ist dabei der Wert, der im Osten Deutschlands erreicht wird, denn in den neuen Bundesländern ordnen sich weit mehr als 54 Prozent der Befragten selbst der Arbeitschicht zu (siehe Tabelle A 11 im Anhang).

Deutlich wird, daß sowohl in den neuen als auch in den alten Ländern eine klare Struktur bei den Nicht-Vertrauenden bezüglich der Schichtzugehörigkeit vorherrscht. So vertrauen die Angehörigen der Arbeiterschicht dem Bundestag eher nicht als die Vertreter der Mittelschicht. Betrachtet man sich die Ergebnisse für das völlige Vertrauen in den Bundestag, wird das Muster durchbrochen, die relative Verteilung der Werte unterscheiden sich zwischen Ost und West. Während in den alten Ländern, wie anzunehmen war, das volle Vertrauen von der Mittelschicht ausgeht, ist dies im Osten wiederum die Arbeiterschicht. Dies liegt sicherlich wiederum mit dem Umstand zusammen, daß im Osten sich etwas mehr als ein Drittel der Bevölkerung der Mittelschicht zurechnet, im Westen dagegen fast drei Fünftel der Befragten.

4.4.2 Links-Rechts-Selbsteinstufung

Von ähnlich geringer Relevanz für die Erklärung von politischem Vertrauen ist die Selbsteinstufung auf der Links-Rechts-Skala (siehe Tabelle 4). Für die alten Bundesländer erreicht der Korrelationskoeffizient nicht das nötige Signifikanzniveau, für die neuen Bundesländer ist der Wert mit Pearson R = 0,072 verschwindend klein.

	Vertraue überhaupt nicht		Vertraue voll und ganz	
	ABL	NBL	ABL	NBL
Links	28,2	45,1	33,5	29,0
Mitte	46,2	36,6	46,5	53,2
Rechts	25,6	18,3	20,0	17,7
Pearson R	n.s.	0,072		
N	1931	980		

Quelle: DFG 1998 Vor- und Nachwahl, alte und neue Bundesländer, Zeilenprozentwerte der abhängigen Variable "Vertrauen in den Bundestag", eigene Berechnungen; die angegebenen Korrelationskoeffizienten sind mindestens auf dem 95%-Niveau signifikant

Tabelle 4: Links-Rechts-Selbsteinstufung und politisches Vertrauen

Die Werte für die Antwortvorgabe „vertraue voll und ganz" weisen in den alten und neuen Bundesländern die gleiche Struktur auf und auch von der Höhe der Werte sind die Unterschiede relativ gering. So vertrauen diejenigen, die sich der politischen Mitte zuordnen, mehrheitlich dem Bundestag vor jenen, die sich selbst als links einstufen. Deutlich geringer ist der Anteil der voll vertrauenden, die sich als rechts einstufen würden.

Im Gegensatz dazu zeigt sich in den neuen Bundesländern ein deutliches Mißtrauen gegenüber dem Parlament bei den sich links einstufende Befragten. Mit 45,2 Prozent ist dies der höchste Wert, gefolgt von den in der politischen Mitte angesiedelten Befragten. Die Werte für die alten Länder weisen das gleiche Muster wie schon bei der Antwortvorgabe „vertraue voll und ganz" auf – mit dem Resultat, daß keine eindeutige Varianz sichtbar wird und die Werte daher für eine Interpretation mehr oder weniger unbrauchbar sind.

4.4.3 Materialismus-Postmaterialismus-Index

Am wenigsten brauchbar für die bisherige Analyse der Erklärung von politischem Vertrauen in den Bundestag ist der Materialismus-Postmaterialismus-Index (siehe Tabelle 5).

	Vertraue überhaupt nicht		Vertraue voll und ganz	
	ABL	NBL	ABL	NBL
Materialist	19,2	31,5	23,3	21,2
Mischtyp	59,8	57,6	63,3	65,2
Postmaterialist	21,0	11,0	13,3	13,6
Pearson R	n.s.	n.s.		
N	2131	1062		

Quelle: DFG 1998 Vor- und Nachwahl, alte und neue Bundesländer, Zeilenprozentwerte der abhängigen Variable "Vertrauen in den Bundestag", eigene Berechnungen; die angegebenen Korrelationskoeffizienten sind mindestens auf dem 95%-Niveau signifikant

Tabelle 5: Werteorientierung und politisches Vertrauen

Sowohl für die alten als auch für die neuen Bundesländer weisen die Befunde keinerlei Signifikanz auf und sind dementsprechend gleichverteilt.

4.4.4 Parteiidentifikation

Bezüglich der Parteiidentifikation wurde eingangs die Hypothese aufgestellt, daß die Parteibindung keinen Einfluß auf das politische Vertrauen in den Bundestag habe. Begründet wude dies damit, daß die Zugehörigkeit zu einer bestimmten gesellschaftlich-politischen Gruppe keinen Einfluß auf die Systemunterstützung haben darf. Daher dürften sich die Werte von Parteigebunden und Nicht-Parteigebundenen hbezüglich des Vertrauens in das Parlament nicht unterscheiden bzw. es dürfte keinerlei Zusammenhang bestehen.

Wie nun aber aus Tabelle 6 hervorgeht, hat die dichotomisierte Variable der Parteineigung (Codierung siehe Anhang Tabelle A 18) sehr wohl einen Einfluß auf das Vertrauen in den Bundestag. Sowohl in west- als auch in Ostdeutschland weisen die Werte auf einen negativen Zusammenhang zwischen Vertrauen und Parteibindung hin, sprich: weist ein Befragter eine Parteibindung auf, desto wahrscheinlicher ist es, daß er dem Bundestag Vertrauen entgegenbringt. Damit wäre die erste aufgestellte Hypothese nicht bestätigt, da hier eindeutig statstische Zusammenhänge nachgewiesen werden konnte. Eine völlige Verwerfung der Hypothese zu diesem Zeitpunkt ist aber (noch) nicht möglich, da explitiz davon ausgegangen wurde, daß sehr wohl ein Zusammenhang zwischen Parteibindung und politischen Herrschaftsträgern besteht. Unterstellt man nun die Richtigkeit der Annahmen und findet trotzdem Zusammenhänge zwischen Parteibindung und politischem Vertrauen in den Bundestag, muß man sich die Frage stellen, ob hier mit „politischem Vertrauen" überhaupt das richtige gemessen wird.

	ABL		NBL	
	PID	keine PID	PID	keine PID
vertraue überhaupt nicht	3,2	6,8	6,8	10,2
vertraue eher nicht	9,7	14,8	16,5	22,1
vertraue teilweise	33,4	39,9	32,1	35,3
vertraue eher	43,6	34,2	36,2	29,6
vertraue voll und ganz	10,1	4,2	8,4	2,7
Pearson R	-0,156		-0,140	
N	2037		1015	

Quelle: DFG 1998 Vor- und Nachwahl, alte und neue Bundesländer, Spaltenprozentwerte der abhängigen Variable "Vertrauen in den Bundestag", eigene Berechnungen; die angegebenen Korrelationskoeffizienten sind mindestens auf dem 95%-Niveau signifikant

Tabelle 6: Parteineigung und politisches Vertrauen

Nichtsdestotrotz ist die Beschäftigung mit der Variable „Parteiidentifikation" meiner Ansicht nach äußerst spannend. Die vorletzte Teilhypothese geht davon aus, daß die Anhänger der jeweiligen Regierungsparteien ein höheres Maß an politischem Vertrauen aufweisen als die Anhänger der Opposition.

Mit den Daten von 1998 läßt sich eine solche Aussage bestens überprüfen, da hier erstmals in der Geschichte der Bundesrepublik Deutschland eine Regierungskoalition direkt von den Bürgern abgewählt wurde. Laut der formulierten Hypothese müßten also vor der Bundestagswahl die Anhänger von CDU/CSU und FDP ein höheres Vertrauen aufweisen als die Anhänger von SPD und Bündnis90/Die Grünen; nach der Bundestagswahl müßte sich dann das Verhältnis umdrehen.

In Tabelle 7 findet sich eine Bestätigung dieser Annahme für die alten Bundesländer. Wie ersichtlich wird, sind die Zeilenprozentwerte der Antwortvorgaben „vertraue überhaupt nicht" und „vertraue voll und ganz" jeweils für die Anhänger der alten und neuen Regierungskoalition angegeben.

	Vertraue überhaupt nicht		Vertraue voll und ganz	
	ABL VW	ABL NW	ABL VW	ABL NW
Anhänger CDU/CSU, FDP	11,5	53,8	65,0	52,9
Anhänger SPD, Bündis90/Grüne	88,5	46,2	35,0	47,1
Pearson R	-0,242	-0,110		
N	725	743		

Quelle: DFG 1998 Vor- und Nachwahl, alte Bundesländer, Zeilenprozentwerte der abhängigen Variable "Vertrauen in den Bundestag", eigene Berechnungen; die angegebenen Korrelationskoeffizienten sind mindestens auf dem 95%-Niveau signifikant

Tabelle 7: Dichotomisierte Parteiidentifikation und politisches Vertrauen in den Bundestag in den alten Bundesländern

Vor der Wahl entfielen 11,5 Prozent der Antworten „vertraue überhaupt nicht" auf die Anhänger der CDU/CSU/FDP-Koalition, dagegen 88,5 Prozent auf die Anhänger der SPD und dem Bündnis90/Die Grünen. Diese Werte brechen nach der Wahl bei beiden Gruppen drastisch ein. Nun sind 53,8 Prozent der Befragten, die dem Bundestag überhaupt nicht vertrauen, Anhänger der alten Regierungskoalition; bei den Anhängern der neuen Regierungskoalition sinkt dagegen der Wert auf 46,2 Prozent. Der gleiche Effekt läßt sich für die Antwort „vertraue voll und ganz" festhalten: Während die Werte bei den Anhängern der CDU/CSU und FDP sinkt, stiegen sie bei den Befragten, die der SPD und dem Bündnis90/Die Grünen nahestehen.

Dieser Effekt läßt sich nur für die alten Bundesländer beschreiben, in den neuen Ländern bleibt die Lage undurchsichtig. Zwar sinkt bzw. steigt auch hier der Wert bei der Antwortvorgabe „vertraue voll und ganz" wie im Westen, wenn auch nur auf sehr niedrigem Niveau (siehe Tabelle 8).

	Vertraue überhaupt nicht		Vertraue voll und ganz	
	NBL VW	NBL NW	NBL VW	NBL NW
Anhänger CDU/CSU, FDP	29,4	20,0	80,0	76,9
Anhänger SPD, Bündis90/Grüne	70,6	80,0	20,0	23,1
Pearson R	-0,297	-0,241		
N	245	234		

Quelle: DFG 1998 Vor- und Nachwahl, neue Bundesländer, Zeilenprozentwerte der abhängigen Variable "Vertrauen in den Bundestag", eigene Berechnungen; die angegebenen Korrelationskoeffizienten sind mindestens auf dem 95%-Niveau signifikant

Tabelle 8: Dichotomisierte Parteiidentifikation und politisches Vertrauen in den Bundestag in den neuen Bundesländern

Berücksichtigt man die Antwortvorgabe „vertraue überhaupt nicht", so läßt sich sogar der gegenteilige Effekt feststellen, nämlich daß der Anteil der Anhänger der CDU/CSU/FDP-Koalition nach der Wahl sinkt, während der der SPD und Bündnis-Anhänger sogar steigt. Problematisch sind diese Werte wahrscheinlich deshalb, da hier eine relativ niedrige Grundgesamtheit vorliegt.[14]

Die bisherigen Befunde für die alten Bundesländer lassen sich ebenfalls in Tabelle 9 nachverfolgen, wenn auch nicht mit der Deutlichkeit. Jedoch läßt sich hier die letzte Teilhypothese bestätigen, wonach Parteianhänger der linken oder rechten Spektrum weitaus weniger Vertrauen in das Parlament haben als die restlichen Befragten. Als linke Randpartei wird hier die PDS definiert, als rechte Randparteien die Republikaner und die DVU.

Für alle drei Parteien läßt sich diese Hypothese bestätigen, da in allen vier Teiluntersuchungen gerade sie jeweils die drei höchsten Negativwerte aufweisen. Auffällig dabei ist, daß insbesondere die Anhänger der Republikaner und der DVU in den neuen Ländern besonders negativ gegenüber dem Deut-

---

[14] So entsprechen 20 Prozent der Zeilenprozentwerte einer Anzahl von N=4

schen Bundestag eingestellt sind. Moderater sind die Werte für die PDS in den neuen Ländern, während die Werte für die drei genannten Parteien in den alten Ländern weitaus deutlicher schwanken.

	ABL VW	ABL NW	NBL VW	NBL NW
CDU	0,43	0,19	0,69	0,50
CSU	0,26	0,14	0,03	
SPD	-0,03	0,07	0,03	0,05
FDP	0,14	0,31	0,41	0,65
Bündnis90/Grüne	-0,24	-0,26	0,36	0,25
Republikaner	-0,34	-0,99	-1,14	-1,50
PDS	-0,84	-0,64	-0,53	-0,25
DVU	-1,34	-0,84	-0,87	-0,62
Andere Parteien	-0,91	0,56	-0,14	-0,25
Keine Parteineigung	-0,32	-0,18	-0,24	-0,17
Mittelwert gesamt	3,34	3,44	2,97	3,25
Eta-Quadrat	0,102	0,057	0,171	0,101
R^2 korr.	0,094	0,049	0,156	0,087
N	1008	1029	488	527

Quelle: DFG 1998 Vor- und Nachwahl, univariate Varianzanalyse, Angaben: Abweichungen vom Mittelwert, Skala: 1 (vertraue überhaupt nicht) 5 (vertraue voll und ganz); eigene Berechnungen; die angegebenen Korrelationskoeffizienten sind mindestens auf dem 95%-Niveau signifikant

Tabelle 9: Verteilung des politischen Vertrauens

Die Befunde der Verteilung des politischen Vertrauens in den Deutschen Bundestag decken sich mit den Erkenntnissen anderer Arbeiten, u.a. mit denen von MILLER und LISTHAUG (1990: 365): „At each point in time supporters of the incumbent parties were the most trustful." Im Falle eines Regierungswechsels ändern sich dann auch graduell die Werte des Vertrauens der jeweiligen Parteianhänger (vgl. auch KIMBALL / PATTERSON 1997: 720). Bestätigt werden können ebenfalls die Ergebnisse von WALZ (1996: 140), der bereits für die Gesamtheit der politiknahen Institutionen festgestellt hat, daß v.a. Anhänger der Republikaner und der PDS deutlich weniger Vertrauen in die besagten Institutionen haben als die Anhänger der etablierten Parteien.

Zusammenfassend läßt sich feststellen, daß v.a. die Anhänger der Unionsparteien überdurchschnittlich höhere Werte des politischen Vertrauens aufweisen als beispielsweise die SPD-Anhänger. Dies gilt sowohl für die alten als auch für die neuen Bundesländern. Weiterhin zeigen sich die Anhänger des Bündnis90/Die Grünen im Osten vertrauensvoller als die Anhänger im Westen, denn dort weisen die Mittelwerte durchweg negative Vorzeichen auf. Für die Befragten ohne Parteineigung läßt sich festhalten, daß sie durchweg unter den ermittelten Mittelwerten liegen, wenn auch die Abweichung in einer Spanne von -0,17 bis -0,32 im vertretbaren Rahmen liegen dürfte. Diese Werte entsprechen in Westdeutschland ungefähr jenen der Bündnis90/Die Grünen – Anhänger. In den Vorwahlbefragung wurde für die Nicht-Parteigebundenen jeweils ein höherer Wert ermittelt als in der Nachwahlbefragung, was auf eine Änderung der politischen Stimmung bei diesem Klientel nach der Bundestagswahl hinweist.

4.4.5 Zusammenfassung der Befunde für die Verteilung des politischen Vertrauens

Mit den empirischen Befunden zur Verteilung des politischen Vertrauens in den Deutschen Bundestag lassen sich die zuvor formulierte Hypothesen nun beantworten.

So sind etwa die systematischen Zusammenhänge zwischen der Zugehörigkeit zu einer gesellschaftlich-politischen Gruppe und der Regimeunterstützung im Sinne von politischem Vertrauen in das Parlament in der Bundesrepublik Deutschland relativ gering. Keinerlei Unterschiede zwischen Ost und West ist z.B. bei der Werteorientierung feststellbar, da in beiden Regionen die angestellten Analysen keinerlei Signifikanz aufweisen. Ebenfalls nicht signifikant ist die Links-Rechts-Selbsteinstufung in den alten Ländern, während im Osten ein nur sehr geringer Effekt ausgeht. Ebenfalls auf sehr niedrigem Niveau sind die Werte des Korrelationskoeffizienten für die subjektive Schichtzugehörigkeit. Von dieser Variable geht momentan noch ein Effekt aus, der aber sehr wahrscheinlich unter Einbezug weiterer Variablen völlig verschwinden wird. Mit den angestellten Untersuchungen läßt sich die erste Hypothese - leicht eingeschränkt wegen des Faktors der subjektiven Schichtzugehörigkeit - bestätigen.

Unklar bleibt die Rolle der Parteibindung. Laut den getroffenen Annahmen sollten keine Zusammenhänge zwischen Parteineigung und Unterstützung des politischen Systems auftreten, sehr wohl aber zwischen Parteineigung und der Einstellung gegenüber politischen Herrschaftsträgern. In der hier vorgestellten Analyse gibt es in der Tat statistisch signifikante Zusammenhänge zwischen der Parteineigung und dem politischen Vertrauen in den Bundestag. Es stellt sich somit die Frage, ob die Hypothese verworfen werden muß oder ob mit der Variable „politisches Vertrauen" überhaupt das richtige gemessen wird, sprich ob hier tatsächlich die Unterstützung der Institution Bundestag oder die Bewertung der *authorities* gemessen wird.

Die weiteren formulierten Hypothesen hinsichtlich der Parteigebundenheit zeichnen ein deutlicheres Bild. So zeigt sich, daß die Anhänger der jeweiligen Regierungsparteien ein höheres Vertrauen in den Deutschen Bundestag besitzen als die Anhänger der Oüppositionsparteien. Wie gezeigt, läßt sich dieser Effekt besonders an den vorliegenden Daten aufzeigen, da 1998 erstmals in der Bundesrepublik ein Kanzler direkt vom Volk abgewählt wurde.

Ebenso bestätigt werden konnte die Annahme, daß Anhänger links- oder rechtsextremer Parteien geringeres politisches Vertrauen in das Parlament haben als alle anderen Parteianhänger. So zeigen die Werte, daß gerade die Anhänger von PDS, DVU und Republikaner weit unterdurchschnittlich dem Parlament vertrauen.

4.5 Empirische Befunde zur Struktur des politischen Vertrauens

Wenn man über das politische Vertrauen in das Parlament spricht, ist es sicherlich sinnvoll zu wissen, welche Bevölkerungsgruppen eher ver- oder eher mißtrauen. Aus diesem Grunde ist es notwendig, eine Struktur des politischen Vertrauens herauszuarbeiten, anhand derer sich diese Bevölkerungsgruppen identifizieren lassen. Dies geschieht hier anhand der Variablen Alter, Bildungsgrad, Kirchgangshäufigkeit und Einschätzung der allgemeinen und individuellen wirtschaftlichen Lage. Wie bereits im vorangegangenen Teilkapitel geschildert, werden hier wiederum nur die Extremwerte betrachtet, die die abhängige Variable „politisches Vertrauen" erreichen kann.

4.5.1 Alter

Die Variable „Alter" spielt bei der Erklärung politischen Vertrauens offensichtlich eine nur untergeordnete Rolle, da der Wert des Korrelationskoeffizienten in der westdeutschen Befragung mit Pearson R = 0,130 ein niedriges Niveau erreicht, im Osten dagegen nicht einmal signifikant ist.

	Vertraue überhaupt nicht		Vertraue voll und ganz	
	ABL	NBL	ABL	NBL
bis 18 Jahre	2,2	4,4	0	3
18 - 29 Jahre	22,6	13,3	10,9	12,1
30 - 39 Jahre	16,1	20,0	14,7	10,6
40 - 49 Jahre	21,5	18,9	14,1	18,2
50 - 59 Jahre	16,1	14,4	20,1	18,2
60 Jahre und älter	21,5	28,9	40,2	37,9
Pearson R	0,130	n.s.		
N	2155	1068		

Quelle: DFG 1998 Vor- und Nachwahl, alte und neue Bundesländer, Zeilenprozentwerte der abhängigen Variable "Vertrauen in den Bundestag", eigene Berechnungen; die angegebenen Korrelationskoeffizienten sind mindestens auf dem 95%-Niveau signifikant

Tabelle 10: Alter und politisches Vertrauen

Tendenziell läßt sich aber trotzdem die aufgestellte Hypothese bestätigen, die besagt, daß die älteren unter den Befragten dem Bundestag ein höheres Vertrauen entgegenbringen als die jüngeren. Für die alten Bundesländer scheint diese Aussage zuzutreffen (siehe Tabelle 10), da hier drei Fünftel der Befragten, die älter als 50 Jahre alt sind, dem deutschen Parlament voll und ganz vertrauen.

Hinsichtlich des Mißtrauens läßt sich festhalten, daß in den alten Ländern diesbezüglich kein besonderer Trend sichtbar ist, da sich hier die Werte bei den Befragten über 18 Jahre annähern.

Für die neuen Bundesländer ist keine klare Aussage möglich, da einerseits der vermutete Zusammenhang zwischen Alter und politischem Vertrauen statistisch nicht nachgewiesen werden kann. Andererseits herrscht ungefähr das gleiche Bild wie im Westen vor, wonach ältere Befragte eher dem Parlament vertrauen als jüngere, wenn auch nicht mit der Prägnanz wie in den alten Ländern.

Zusammenfassend läßt sich festhalten, daß die Variabel „Alter" für die Erklärung politischen Vertrauens nur bedingt geeignet und zu vermuten ist, daß in multivariaten Analysen der Einfluß völlig verloren gehen wird. Anhand der bivariaten Analyse kann die formulierte Hypothese nur teilweise bestätigt werden, sie erhält ihre Gültigkeit nur für die alten Bundesländer.

4.5.2 Bildung

Die Bildungsvariable als erklärender Faktor für politisches Vertrauen scheidet aus, da in beiden Teilen Deutschlands kein signifikanter Zusammenhang nachgewiesen werden kann.

Zwar scheinen die Zahlen vor allem im Osten darauf hinzuweisen, daß die aufgestellte Hypothese bestätigt wird, wonach formal höher Gebildete ein stärkeres Niveau an politischem Vertrauen aufweisen als weniger stark Gebildete.

Doch wie in Tabelle 11 sichtbar, wird dies dadurch aufgehoben, indem ein starker Anteil der höher Gebildeten gleichzeitig auch dem Parlament mißtraut (50 Prozent mit Mittlerer Reife und höher in den neuen Bundesländern).

	Vertraue überhaupt nicht		Vertraue voll und ganz	
	ABL	NBL	ABL	NBL
noch Schüler	3,2	1,1	1,6	1,5
kein Abschluß	1,1	2,2	1,1	4,5
Volks- und Hauptschule (8./9. Klasse)	63,4	46,7	48,9	31,8
Mittlere Reife (10. Klasse)	19,4	42,2	22,3	45,5
Abitur, EOS 12. Klasse	5,4	2,2	11,4	12,1
abgeschlossenes Studium	7,5	5,6	14,7	4,5
Pearson R	n.s.	n.s.		
N	2153	1068		

Quelle: DFG 1998 Vor- und Nachwahl, alte und neue Bundesländer, Zeilenprozentwerte der abhängigen Variable "Vertrauen in den Bundestag", eigene Berechnungen; die angegebenen Korrelationskoeffizienten sind mindestens auf dem 95%-Niveau signifikant

Tabelle 11: Bildung und politisches Vertrauen

Die aufgestellte Hypothese muß verworfen werden, da sich ein statistisch signifikanter Zusammenhang zwischen Bildung und Vertrauen nicht belegen läßt, es also vielmehr keine Frage der Bildung ist, ob man dem Deutschen Bundestag vertraut oder mißtraut.

4.5.3 Kirchgangshäufigkeit

Wesentlich deutlichere Effekte gehen von der Kirchgangshäufigkeit aus. Wie aus Tabelle 12 zu entnehmen ist, sind statistisch signifikante Effekte sowohl in alten als auch in den neuen Ländern vorhanden.

Vor allem im Westen und seiner wesentlich stärker kirchlich gebundenen Bevölkerung läßt sich die aufgestellte Hypothese belegen, wonach die Häufigkeit des Kirchgangs das politische Vertrauen positiv beeinflußt. Für den Ostteil der Bundesrepublik trifft diese Aussage nur bedingt zu. Der Grund liegt auf der Hand: während im Westen lediglich etwas mehr als 14 Prozent der Befragten kein Mitglied einer Glaubensgemeinschaft sind, erreicht der Wert der Konfessionslosen und aus einer Kirche Ausgetretenen eine Marke von fast 66 Prozent (siehe auch Anhang Tabelle A 6). Entsprechend gering sind dann auch die Fallzahlen bezüglich der Kirchgangshäufigkeit.

	Vertraue überhaupt nicht		Vertraue voll und ganz	
	ABL	NBL	ABL	NBL
mehrmals wöchentl	2,2	1,1	1,1	1,6
einmal wöchentl.	3,3	0,0	17,4	1,6
einmal monatl.	14,1	1,1	17,9	0,0
mehrmals jährl.	15,2	4,6	28,8	10,9
einmal jährl.	10,9	2,3	7,6	17,2
seltener	18,5	9,2	13,0	10,9
nie	35,9	81,6	14,1	57,8
Pearson R	-0,150	-0,167		
N	2131	1060		

Quelle: DFG 1998 Vor- und Nachwahl, alte und neue Bundesländer, Zeilenprozentwerte der abhängigen Variable "Vertrauen in den Bundestag", eigene Berechnungen; die angegebenen Korrelationskoeffizienten sind mindestens auf dem 95%-Niveau signifikant

Tabelle 12: Kirchgangshäufigkeit und politisches Vertrauen

Zusammenfassend bedeutet dies, daß die aufgestellte Hypothese wiederum nur zu Teilen bestätigt werden kann, nämlich wenn der Bezug eindeutig auf Westdeutschland gerichtet ist. Für die östlichen Bundesländer kann zu diesem Zeitpunkt noch keine klare Aussage getroffen werden, da hier die Fallzahlen eindeutig zu gering sind.

4.5.4 Einschätzung der allgemeinen und individuellen wirtschaftlichen Lage

In Tabelle 13 sind die Werte für die Einschätzung der allgemeinen wirtschaftlichen Lage angegeben. Wie deutlich zu sehen ist, vertrauen diejenigen überhaupt nicht dem Bundestag, die gleichzeitig die allgemeine wirtschaftliche Lage als schlecht oder sehr schlecht bezeichnen. Dieses Muster gilt sowohl für die alten als auch für die neuen Bundesländer, wobei die negative Einschätzung der wirtschaftlichen Lage in den neuen Bundesländern überwiegt.

Knapp zwei Drittel der Befragten im Osten, die dem Bundestag nicht vertrauen, schätzen die allgemeine wirtschaftliche Lage schlecht oder sehr schlecht ein. Im Westen sind es lediglich 44 Prozent. Dieses Ergebnis ist nicht besonders erstaunlich, da sich die (ökonomischen) Lebensverhältnisse in Ost und West auch zehn Jahre nach dem Mauerfall immer noch deutlich unterscheiden. Blickt man auf die Gruppe der Befragten, die dem Bundestag „voll und ganz" vertrauen, findet sich das umgekehrte Bild, nämlich daß in dieser Gruppe die Einschätzung der wirtschaftlichen Lage weitaus positiver gesehen wird. In den alten und neuen Bundesländern findet jeweils die Mehrheit der Befragten, die dem Bundestag vertraut, daß die allgemeine wirtschaftlich gut bis sehr gut sei.

| | Vertraue überhaupt nicht | | Vertraue voll und ganz | |
	ABL	NBL	ABL	NBL
sehr gut	0	1,1	1,7	3
gut	15,4	4,4	38,1	36,4
teils / teils	40,7	32,2	40,9	47,0
schlecht	29,7	44,4	16,6	12,1
sehr schlecht	14,3	17,8	2,8	1,5
Pearson R	-0,183	-0,287		
N	2118	1066		

Quelle: DFG 1998 Vor- und Nachwahl, alte und neue Bundesländer, Zeilenprozentwerte der abhängigen Variable "Vertrauen in den Bundestag", eigene Berechnungen; die angegebenen Korrelationskoeffizienten sind mindestens auf dem 95%-Niveau signifikant

Tabelle 13: Allgemeine wirtschaftliche Lage und politisches Vertrauen

Noch deutlicher ausgeprägt sind die Werte unter Einbezug der Variable der Einschätzung der individuellen wirtschaftliche Lage. Im Prinzip wiederholt sich das schon beobachtete Muster, dieses Mal aber sind die Werte sowohl für West- als auch für Ostdeutschland stark angenähert (siehe Tabelle 14). Die Verteilung der Werte ist in beiden Regionen Deutschlands nahezu identisch. Unterstrichen wird diese Beobachtung durch die fast gelichen Werte des Korrelationskoeffizienten, wobei im Gegensatz dazu bei der vorherigen Analyse unter Einbezug der Einschätzung der allgemeinen wirtschaftlichen Entwicklung ein Unterschied von etwa zehn Prozentpunkten zu beobachten war.

	Vertraue überhaupt nicht		Vertraue voll und ganz	
	ABL	NBL	ABL	NBL
sehr gut	4,3	0	7,6	9,1
gut	26,9	25,6	57,6	53,0
teils / teils	31,2	42,2	28,8	28,8
schlecht	22,6	24,4	4,9	7,6
sehr schlecht	15,1	7,8	1,1	1,5
Pearson R	-0,216	-0,225		
N	2144	1065		

Quelle: DFG 1998 Vor- und Nachwahl, alte und neue Bundesländer, Zeilenprozentwerte der abhängigen Variable "Vertrauen in den Bundestag", eigene Berechnungen; die angegebenen Korrelationskoeffizienten sind mindestens auf dem 95%-Niveau signifikant

Tabelle 14: Eigene wirtschaftliche Lage und politisches Vertrauen

Obwohl die empirischen Ergebnisse die formulierten Hypothesen zu bestätigen scheinen, ist Vorsicht geboten. Die Korrelationsmaße zeigen durchweg
das richtige Vorzeichen auf, doch bleibt es unsicher, ob diese Variablen der
Erklärung politischen Vertrauens dienlich sind. Es ist anzunehmen, daß die
beschriebenen Variablen im Zusammenspiel mit anderen Variablen an Einfluß verlieren werden.

5   Determinanten des politischen Vertrauens

5.1   Erläuterung des Untersuchungsdesigns

Die in der Vor- und Nachwahlbefragung erhobenen Daten stellen die Grundlage für die Analyse des politischen Vertrauens in den Deutschen Bundestag dar. Da nicht alle Variablen in die Analyse miteinbezogen werden konnten, wurde eine Auswahl auf Basis der formulierten Hypothesen getroffen.

Die in Abbildung 10 angegebenen Variablengruppen können als autonome Modelle betrachtet werden. Für jedes Modell wird ein Ursache-Wirkungs-Zusammenhang vermutet, nämlich der Einfluß auf das politische Vertrauen in den Deutschen Bundestag.

Politisches Vertrauen in den Deutschen Bundestag

| Sozio-demographische und soziostrukturelle Merkmale | Bewertung sozio-ökonomischer Merkmale | Politische Orientierungen | Bewertung von Politikern | Politische Involviertheit | Politische Informiertheit |

Abbildung 10: Autonome Modelle zur Erklärung politischen Vertrauens in den Deutschen Bundestag

Die jeweiligen benutzten Variablen sind in Abbildung 11 aufgeführt; eine ausführliche Beschreibung ist im Anhang dokumentiert (samt Frageformulierung, Antwortvorgaben und den Häufigkeitstabellen). Wurden Variablen zu Indizes zusammengefaßt oder neu recodiert, ist dies jeweils wiederum im Anhang dokumentiert.

In einem ersten Schritt werden die in den Gruppen zusammengefaßten Variablen einer linearen Regressionsanalyse unterzogen. Die Zusammenstellung der Variablen in die einzelnen Gruppen erfolgt nicht willkürlich, sondern basiert auf den zuvor geschilderten Forschungsergebnissen. Allerdings werden in den folgenden Regressionsanalysen je nach Bedarf auch weitere Variablen in die Untersuchung miteingeschlossen. Allgemeines Ziel der Regressionsanalyse ist es, eine den Variablen unterstellte Beziehung zu überprüfen, um damit eine Erklärung von Zusammenhängen zu geben und gleichzeitig auf dieser Grundlage das zukünftige Verhalten der Determinanten prognostizieren zu können (siehe BACKHAUS u.a. 1996: XIX).

Soziodemographische und soziostrukturelle Merkmale
Alter Bildung Konfessionszugehörigkeit Kirchgangshäufigkeit Subjektive Schichteinschätzung Einkommen Erwerbstätigkeit **Bewertung sozioökonomische Merkmale** Einkommen Allgemeine wirtschaftliche Lage Eigene wirtschaftliche Lage Zukünftige allgemeine wirtschaftliche Lage Gerechtigkeit in der Gesellschaft Bevorzugte Bevölkerungsgruppe **Politische Orientierungen** Parteiidentifikation Links-Rechts-Selbsteinstufung Einschätzung der Regierungsleistung Demokratiezufriedenheit **Bewertung von Politikern** Kanzlerpräferenz External Political Efficacy / Politische Responsivität Parteien- und Politikerbewertung, positive Items Parteien- und Politikerbewertung, negative Items **Politische Involviertheit** Interesse an Politik Teilnahme an Bundestagswahl Internal Political Efficacy / Politische Kompetenz **Politische Informiertheit** Medienkonsum BILD-Zeitung Medienkonsum überregionale Tageszeitungen Medienkonsum lokale und regionale Tageszeitungen Medienkonsum öffentlich-rechtliche Nachrichtensendungen Medienkonsum private Nachrichtensendungen

Abbildung 11: Benutzte Variablen

5.2 Politisches Vertrauen und soziodemographische Merkmale

Das erste Modell, das in die Untersuchungen zum politischen Vertrauen in den Deutschen Bundestag einbezogen wird, ist der Variablenkomplex „soziodemographische Merkmale". Methodisch wurde hier die Variable „Konfessionszugehörigkeit" durch vier dichotomisierte Variablen ersetzt, da die Regressionsanalyse nur mit metrisch skalierten Variablen einsetzbar ist (vgl. BACKHAUS 1996: XVIII ff.).

In diese Analyse miteinbezogen wird hier auch das Item „Alter", da anzunehmen ist, daß die höheren Altersgruppen ein größeres Vertrauen in das Parlament haben als die jüngeren (vgl. DÖRING 1990: 74).

Wie aus Tabelle 15 ersichtlich wird, ist die erklärte Varianz der abhängigen Variable in den separaten Analysen für Gesamtdeutschland, für die alten Bundesländer und die neuen Bundesländer jeweils gering. Den höchsten Wert mit 7,1 Prozent der erklärten Varianz des politischen Vertrauens in den Deutschen Bundestag erhält man in der gesamtdeutschen Analyse. Die Werte für beiden Regionen (ABL, NBL) unterscheiden sich um 2,1 Prozent, wobei der niedrigere Wert in Ostdeutschland gemessen wurde.

Da in den alten Bundesländern insgesamt nur drei der zehn unabhängigen Variablen statistisch signifikant sind, ergeben sich für die restlichen Merkmale automatisch niedrige Werte (bezogen auf die gesamtdeutsche Untersuchung). Innerhalb des Untersuchung für die alten Bundesländer sind die Variablen Alter, Kirchgangshäufigkeit und das Haushaltseinkommen die einzigen relevanten Determinanten des politischen Vertrauens. Von der Altersvariable geht der stärkste Effekt mit einem Beta-Wert von 0,129 aus, gefolgt von der Kirchgangshäufigkeit (Beta-Wert: -0,120).

In den neuen Bundesländern wird lediglich einem Item eine Relevanz bezüglich der Erklärung von politischem Vertrauen eingeräumt, nämlich der subjektiven Schichteinschätzung. Der Beta-Wert ist mit 0,140 angegeben und weist somit den höchsten Wert in allen drei Teiluntersuchungen auf.

Übertragen auf die gesamtdeutsche Analyse läßt sich konstatieren, daß die beiden Koeffizienten Kirchgangshäufigkeit und Alter die einflußreichsten Variablen sind, gefolgt von den Variablen Schichteinschätzung, Einkommen und Konfessionslosigkeit.

	Gesamt		ABL		NBL	
	B	Beta	B	Beta	B	Beta
Alter	0,065	0,095	0,085	0,129	n.s.	n.s.
Bildung	n.s.	n.s.	n.s.	n.s.	n.s.	n.s.
Katholische Konfessionszugehörigkeit	n.s.	n.s.	n.s.	n.s.	n.s.	n.s.
Evangelische Konfessionszugehörigeit	n.s.	n.s.	n.s.	n.s.	n.s.	n.s.
Sonstige Konfessionszugehörigkeit	n.s.	n.s.	n.s.	n.s.	n.s.	n.s.
Keine Konfessionszugehörigkeit	-0,168	-0,080	n.s.	n.s.	n.s.	n.s.
Kirchgangshäufigkeit	-0,073	-0,124	-0,069	-0,120	n.s.	n.s.
Subjektive Schichteinschätzung	0,163	0,090	n.s.	n.s.	0,287	0,140
Einkommen	0,033	0,087	0,041	0,118	n.s.	n.s.
Erwerbstätigkeit	n.s.	n.s.	n.s.	n.s.	n.s.	n.s.
Konstante	2,993		2,926		2,829	
R² korr.	0,071		0,064		0,043	
Standardfehler	0,151		0,168		0,333	
N	2349		1518		831	

Quelle: DFG 1998 Vor- und Nachwahl, lineare Regressionsanalyse, eigene Berechnungen; alle angegebenen Effektkoeffizienten sind mindestens auf dem 95%-Niveau signifikant; n.s. = nicht signifikant

Tabelle 15: Soziodemographische Determinanten des politischen Vertrauens in den Deutschen Bundestag

Ob ein Befragter erwerbstätig ist oder nicht, spielte in allen drei Untersuchungen keine Rolle. Ebenso haben der bisher erreichte Schulabschluß wie auch die Zugehörigkeit zu einer bestimmten Konfession keinen Einfluß auf die Erklärung von politischem Vertrauen in den Bundestag.

Aus den Befunden lassen sich drei Aussagen herauskristallisieren:

1. Je älter der Befragte, desto höher das politische Vertrauen in das Parlament.

2. Je höher die Kirchgangshäufigkeit, desto höher auch das politische Vertrauen in das Parlament.

3. Je höher die eigene Schichtzugehörigkeit eingeordnet wird, desto höher auch das politische Vertrauen in das Parlament.

Bei den bisherigen Ergebnissen ist zu beachten, daß die signifikanten Variablen in Ost und West völlig unterschiedlich sind. Dies kommt meiner Einschätzung nach daher, daß im Osten die Erfahrungen mit dem parlamentarischen System der Bundesrepublik erst sehr jung sind, sprich knapp zehn Jahre. Daher kann sich eine langfristige Vertrauensentwicklung wie im Westen noch nicht gebildet haben, denn dort zeigen die Werte, daß gerade die älteren unter den Befragten dem Parlament mehr vertrauen als die jüngeren (tabellarisch nicht ausgewiesen).

Ähnlich verhält es sich mit der erklärungsrelevanten Variable „Kirchgangshäufigkeit". Es verwundert nicht, daß diese Variable im Osten keinerlei Erklärungsbeitrag leisten kann, da hier wahrscheinlich die Sozialisation in der DDR eine große Rolle spielt. Im Gegensatz zur alten Bundesrepublik waren die Kirchen in der ehemaligen DDR nicht in das politische System eingebunden, sie stellten „als autonome Institutionen einen Fremdkörper gegenüber dem allumfassenden Macht- und Führungsanspruch der SED dar" (KLESSMANN 1988: 394). Die Folge war, daß der Anteil der Christen an der Gesamtbevölkerung im Vergleich zum Westen niedriger ist und daher auch die Kirchgangshäufigkeit als erklärende Variable im Osten nicht in Frage kommen kann.

Die im Osten einzige signifikante Variable ist die Einschätzung der eigenen Schichtzugehörigkeit. Über die Hälfte der Befragten in den neuen Bundesländern zählt sich zur Arbeiterschicht, ein weiteres Drittel zur Mittelschicht. Ob auch hier wieder die Sozialisation der ehemaligen DDR als Arbeiter- und Bauernstaat zum Tragen kommt, bleibt fraglich. Vermutlich zeigt sich hier der Einfluß weiterer Faktoren, die wahrscheinlich ökonomischer Natur sind. Die pessimistische Einschätzung der allgemeinen und wirtschaftlichen Lage dürfte in diesem Zusammenhang eine wesentliche Rolle spielen.

Betrachtet man die empirischen Ergebnisse für die soziostrukturellen Merkmale in ihrer Gesamtheit, läßt sich die bereits formulierte Hypothese (siehe Kapitel 3.6.3) bestätigen. Die einzigen Faktoren, die einen geringen Erklärungswert für das politische Vertrauen in das Parlament besitzen, sind die Items Alter, Kirchgangshäufigkeit und Einschätzung der subjektiven Schichtzugehörigkeit. Insgesamt sind diese Variablen aber wohl aufgrund ihres niedrigen Determinationskoeffizienten zu vernachlässigen.

5.3 Politisches Vertrauen und die Bewertung sozioökonomischer Merkmale

Wesentlich deutlichere Effekte gehen vom zweiten Modell aus. Der Anteil der erklärten Varianz steigt hier für die gesamtdeutsche Untersuchung bereits auf etwas über vierzehn Prozent (R^2 = 0,144), für die jeweiligen Regionen werden Werte von 11,4 Prozent (ABL) und 17,1 Prozent (NBL) ausgemacht (siehe Tabelle 16).

Eindeutig die stärksten Effekte gehen hierbei von der Einschätzung der Gerechtigkeit der Gesellschaft und der Einschätzung der allgemeinen wirtschaftlichen Lage aus. Innerhalb der Teiluntersuchungen bilden diese beiden Faktoren jeweils die stärksten erklärenden Variablen. Durchweg nicht signifikant war das Haushaltseinkommen sowie im Osten die Frage nach der Zugehörigkeit zu einer Bevölkerungsgruppe.

Für alle drei Teiluntersuchungen läßt sich festhalten, daß je schlechter die allgemeine oder individuelle wirtschaftliche Lage eingeschätzt wird, desto weniger stark ist das Vertrauen in das Parlament ausgeprägt. Sämtliche Beta-Werte zeigen bezüglich dieser Aussage negative Vorzeichen auf. Dies gilt v.a. für Ostdeutschland, da dort die genannten Variablen im Vergleich zu den alten Bundesländern die stärkere Ausprägung besitzen, wie die Frage nach der allgemeinen wirtschaftlichen Lage und der zukünftigen allgemeinen wirtschaftlichen Lage zeigen. Hier liegen die B-Werte mindestens um das doppelte über denen der alten Länder.

Auffällig ist auch, daß die Einschätzung der Gerechtigkeit der Gesellschaftsordnung im Osten deutlich ausgeprägter ist als im Westen. Der B-Wert nimmt zwar in beiden Teilgruppen die Spitzenposition ein, jedoch für die neuen Länder mit einem Wert von −0,418 (im Gegensatz zu -0,257 im Westen).

	Gesamt		ABL		NBL	
	B	Beta	B	Beta	B	Beta
Einkommen	n.s.	n.s.	n.s.	n.s.	n.s.	n.s.
AWL	-0,162	-0,135	-0,110	-0,095	-0,227	-0,168
Eigene wirtschaftliche Lage	-0,102	-0,086	-0,107	-0,092	-0,098	-0,082
Zukünftige AWL	-0,082	-0,065	-0,060	-0,052	-0,138	-0,094
Gesellschaftsordnung	-0,308	-0,207	-0,257	-0,188	-0,418	-0,237
Zugehörigkeit Bev.gruppe	0,136	0,073	0,123	0,069	n.s.	n.s.
Konstante	4,664		4,359		5,362	
R² korr.	0,144		0,114		0,171	
Standardfehler	0,177		0,208		0,331	
N	2244		1419		825	

AWL = Allgemeine wirtschaftliche Lage

Quelle: DFG 1998 Vor- und Nachwahl, lineare Regressionsanalyse, eigene Berechnungen; alle angegebenen Effektkoeffizienten sind mindestens auf dem 95%-Niveau signifikant; n.s. = nicht signifikant

Tabelle 16: Sozioökonomische Determinanten des politischen Vertrauens in den Deutschen Bundestag

Ob die negative Bewertung der Gerechtigkeit in der deutschen Gesellschaft und die negative Einschätzung der momentanen und zukünftigen wirtschaftlichen Lage in Ostdeutschland als Hauptfaktoren für das Gewähren politischen Vertrauens gelten können, kann an dieser Stelle (noch) nicht beantwortet werden, jedoch läßt sich die eingangs formulierte Hypothese bestätigen, daß die Bewertung ökonomischer Merkmale im Osten stärkere Effekte hervorrufen als in Westdeutschland.

5.4 Politisches Vertrauen und politische Orientierungen

Ein weiterer Variablenkomplex umfaßt die politische Orientierungen der Befragten sowie die Bewertung der Demokratie und der Regierungsleistung.

Mit einem Korrelationskoeffizienten von $R^2 = 0,214$ für Gesamtdeutschland weist dieses Modell den bisher höchsten Wert zur Erklärung der Varianz der abhängigen Variable auf. Eine weitere Besonderheit ist der große Unterschied der Werte in den alten und neuen Bundesländern (siehe Tabelle 17). Während in den alten Bundesländern lediglich 15,6 Prozent der Varianz mit diesem Modell erklärt werden können, sind es in den neuen Bundesländern bereits 29,1 Prozent, fast doppelt so viel.

Besonders auffällig sind hier die Variablen der Einschätzung der Bundesregierung und die Demokratiezufriedenheit. In allen drei Teiluntersuchungen stellen sie die jeweils erklärungskräftigsten Variablen dar. Wiederum stechen besonders die ostdeutschen Werte hervor: mit einem Beta-Wert von 0,410 für die Einschätzung der Regierung und mit -0,267 für die Demokratiezufriedenheit liegen hier sehr starke Koeffizienten des politischen Vertrauens in den Deutschen Bundestag vor. Weniger stark ausgeprägt sind die B-Werte dieser Variablen in der gesamtdeutschen und westdeutschen Befragung, weisen aber innerhalb der jeweiligen Teiluntersuchung wiederum die stärksten Werte auf.

	Gesamt		ABL		NBL	
	B	Beta	B	Beta	B	Beta
Parteiidentifikation ja / nein	-0,164	-0,075	-0,180	-0,083	-0,086	-0,039
Links-Rechts-Selbsteinstufung	-0,027	-0,056	-0,027	-0,060	-0,039	-0,071
Einschätzung der Regierungsleistung	0,113	0,333	0,095	0,299	0,155	0,410
Demokratiezufriedenheit	-0,236	-0,246	-0,193	-0,199	-0,266	-0,267
Konstante	3,518		3,551		3,346	
R² korr.	0,214		0,156		0,291	
Standardfehler	0,071		0,083		0,131	
N	2764		1830		934	

Quelle: DFG 1998 Vor- und Nachwahl, lineare Regressionsanalyse, eigene Berechnungen; alle angegebenen Effektkoeffizienten sind mindestens auf dem 95%-Niveau signifikant; n.s. = nicht signifikant

Tabollo 17: Politische Orientierungen als Determinanten des politischen Vertrauens in den Deutschen Bundestag

Die beiden anderen Variablen (Links-Rechts-Selbsteinschätzung und Parteiidentifikation) tragen zwar auch zur Erklärung des politischen Vertrauens in den Deutschen Bundestag bei, sind aber nicht bestimmend.

Berücksichtigt man nur die beiden Hauptdeterminanten dieses Modells, so lassen sich für Ost und West gleichermaßen folgende Aussagen festhalten:

1. Je zufriedener ein Befragter mit der Demokratie allgemein ist, desto mehr vertraut er dem Parlament.

2. Je zufriedener ein Befragter mit den Leistungen der Bundesregierung ist, desto mehr vertraut er dem Parlament.

Die hier präsentierten Befunde decken sich mit denen von HIBBING / PATTERSON. Zufriedenheit mit dem Output der Regierung und dem politischen System resultieren in einem höheren Vertrauen in den Bundestag. Vor allem in den neuen Bundesländern sind die Zusammenhänge besonders deutlich ablesbar.

Bestätigt werden auch zwei aufgestellte Hypothesen. Die eine besagt, daß die Zugehörigkeit zu einer bestimmten gesellschaftlich-politischen Gruppe nicht mit der Regimeunterstützung zusammenhängt. Sollte dies nicht der Fall sein, müßte das politische System als (noch) nicht stabil bezeichnet werden. Unter Berücksichtigung der empirischen Ergebnisse kann die Links-Rechts-Selbsteinschätzung als Zugehörigkeit zu einer gesellschaftlich-politischen Gruppe bezeichnet werden. Wie gezeigt, sind die Zusammenhänge zwischen politischem Vertrauen in den Bundestag und dieser erklärenden Variable statistisch eher gering und es ist anzunehmen, daß nach rund zehn Jahren Erfahrung mit dem politischen System der vereinigten Bundesrepublik Deutschland sich diese statistischen Zusammenhänge in Zukunft weiter verringern werden.

Bezüglich der zweiten Hypothese, die besagt, daß die Parteibindung keinen Einfluß auf die Systemunterstützung hat, müssen kleinere Abstriche gemacht werden. Ähnlich wie bei der Links-Rechts-Selbsteinschätzung existieren leichte statistische Zusammenhänge, die im Westen stärker ausgeprägt sind als im Osten. Tendenziell weisen die Werte darauf hin, daß Befragte mit einer Parteiidentifikation (egal welcher Partei) dem Bundestag eher Vertrauen entgegenbringen als Befragte ohne Parteibindung. Die Werte sind daher im Westen höher, da das Parteiensystem eine wesentlich längere Tradition hat. Die niedrigen Werte für den Osten erklären sich mit der schwachen Binnenstruktur aller Parteien in den neuen Bundesländern (vgl. NIEDERMAYER 1996: 176ff.).

5.5 Politisches Vertrauen und die Bewertung von Politikern

Neben der Gruppe der politischen Einstellungen dominiert ein weiteres Modell den Einfluß auf das politische Vertrauen in den Deutschen Bundestag, nämlich die Bewertung von Parteien und Politikern durch die Bevölkerung (siehe Tabelle 18).

	Gesamt		ABL		NBL	
	B	Beta	B	Beta	B	Beta
Kanzlerpräferenz dich.	0,227	0,092	0,194	0,078	0,262	0,108
External Political Efficacy	0,168	0,150	0,129	0,121	0,261	0,211
PPB, positive Items	0,256	0,212	0,223	0,191	0,347	0,268
PPB, negative Items	0,154	0,123	0,164	0,137	0,109	0,078
Konstante	1,548		1,794		1,025	
R² korr.	0,175		0,150		0,227	
Standardfehler	0,085		0,099		0,166	
N	2366		1666		700	

PPB = Parteien- und Politikerbewertung

Quelle: DFG 1998 Vor- und Nachwahl, lineare Regressionsanalyse, eigene Berechnungen; alle angegebenen Effektkoeffizienten sind mindestens auf dem 95%-Niveau signifikant; n.s. = nicht signifikant

Tabelle 18: Bewertung von Politikern und Parteien als Determinanten des politischen Vertrauens in den Deutschen Bundestag

Dieses Modell zeichnet sich durch einen hohen Wert des Bestimmtheitsmaß aus: für die gesamtdeutsche Analyse wird ein R^2 von 0,175 erreicht, in den alten Bundesländern von 0,150 und in den neuen Ländern von 0,227. Somit spielen die politischen Orientierungen sowie der Bewertung von Parteien und Politikern eine zentrale Rolle bei der Vergabe von Vertrauen in das Parlament.

Dabei treten hier wiederum eindeutige regionale Unterschiede auf. Nicht nur die Differenz von knapp acht Prozentpunkten bei der Erklärung der Varianz der abhängigen Variable ist außergewöhnlich, sondern auch die Feststellung, daß die gleiche erklärende Variable im Osten einen anderen Stellenwert in der Einflußnahme auf das politische Vertrauen innehat als im Westen. Die *external political efficacy* (politische Responsivität) hat in den neuen Bundesländern einen wesentlich höheren Wert (B-Wert: 0,261) als im Westen (B-

Wert: 0,129). Das gleiche gilt für den Index der Parteien- und Politikerbewertung (positive Items), die im Osten wiederum einen stärkeren Einfluß ausüben als im Westen (B-Werte von 0,223 in den alten Ländern gegenüber 0,347 in den neuen Bundesländern). Dagegen üben die negative Items der Parteien- und Politikerbewertung im Osten weitaus weniger Einfluß aus als im Westen, was möglicherweise darauf hinweist, daß im Westen die Bevölkerung von den Politikern in einem stärkeren Maße enttäuscht ist als im Ostteil der Bundesrepublik.

Nicht nur die Bewertung von Politkern und Parteien im allgemeinen scheint eine Auswirkung auf das Vertrauen in das Parlament zu haben, sondern ebenfalls die Bewertung eines bestimmten Politikers. Abgefragt wurde hier die Kandidatenpräferenz für das Amt des Bundeskanzlers. Diese Frage wurde sowohl in der Vor- als auch in der Nachwahl gestellt und kann daher zusammen mit den anderen Variablen in dieses Modell eingegliedert werden. Offensichtlich hat die Kandidatenorientierung einen leichten Einfluß auf das Vertrauen, da hier sowohl in den neuen als auch in den alten Bundesländern relativ hohe Werte für den standardisierten Regressionskoeffizienten zu Tage treten (Ost: Beta-Wert von 0,108; West: Beta-Wert von 0,078). Inwieweit sich dieser Effekt bei weiteren Befragungen wiederholt bleibt unklar, da das Wahljahr 1998 in der Bundesrepublik eine herausragende Rolle gespielt hat. Es wurde erstmals direkt ein Kanzler von der Bevölkerung abgewählt, die Stimmung in der Wählerschaft für einen Regierungswechsel war günstig (vgl. GABRIEL / BRETTSCHNEIDER 1998: 20ff.). Ob diese Kandidatenorientierung bei den folgenden Bundestagswahlen weiterhin an Einfluß gewinnt, kann an dieser Stelle nicht beantwortet werden.

Klarer werden die Befunde hinsichtlich der Einschätzung der politischen Responsivität von Politikern. Die Werte zeigen deutlich, daß die Befragten in den neuen Bundesländern die Rolle der Parteipolitiker wesentlich pessimistischer einschätzen als die Befragten in den alten Ländern. Nimmt man die bisherigen Ergebnisse zur Hand, so lassen sich langsam einige Gesetzmäßigkeiten bezüglich der Vergabe von politischem Vertrauen ableiten. So bringen diejenigen der Befragten dem Bundestag weitaus weniger Vertrauen entgegen, die von den Politikern enttäuscht sind, die ökonomischen Randbedingungen negativ einschätzen und zugleich die Arbeit der Regierung negativ bewerten. Zugleich sind sie mit der Demokratie unzufriedener und legen starken Wert auf Gerechtigkeit in der Gesellschaft. Selbstverständlich ist diese Aussage stark pauschalisiert und muß zu einem späteren Zeitpunkt in einem weiteren Analyseschritt noch näher betrachtet werden.

Mit den hier gewonnenen Erkenntnissen läßt sich die zuvor aufgestellte Hypothese belegen, welche besagt, daß die Einschätzung von Politikern einen hohen Beitrag zur Erklärung des politischen Vertrauens in den Bundestag leisten wird. Auch trifft die Vermutung bezüglich der stärkeren Ausprägung der erklärenden Variablen in den neuen Bundesländern zu.

5.6 Politisches Vertrauen und politische Involviertheit

Ein weiteres getestetes Modell beschäftigt sich mit der Frage, ob ein gewisser Grad an politischer Involviertheit zur Erklärung des politischen Vertrauens beiträgt. Dem Modell liegen drei Variablen zugrunde, wobei auf die Abfrage von Mitgliedschaften in Parteien, Gewerkschaften, Berufsvereinigungen und Bürgerinitiativen bewußt verzichtet wurde. Wie im Anhang dokumentiert, sind jeweils nur ein Bruchteil der Befragten in einer oder mehrerer dieser Organisationen Mitglied. Gerade wegen der geringen Häufigkeit von Mitgliedschaften bleiben diese Variablen bei der Analyse außen vor.

In das Modell aufgenommen wurden dagegen das abgefragte Interesse an Politik, die Einschätzung der eigenen politischen Kompetenz (*internal political efficacy*) sowie die geplante und tatsächliche Teilnahme an der Bundestagswahl 1998. Gerade die letztgenannte Variable machte eine Splittung der Untersuchung in eine Vorwahl- und Nachwahlanalyse nötig, um eindeutige Ergebnisse ablesen zu können.

Wie in den Übersichten (Tabelle 19 und Tabelle 20) dargestellt, ergibt sich aus dem vorgestellten Modell ein nur geringer Erklärungswert für das politische Vertrauen. Die Korrelationskoeffizienten steigen in beiden Analysen in keiner Region auf über 3,8 Prozent erklärter Varianz, für die Vorwahlbefragung wird als höchster Wert ein R^2 von 0,023 für die alten Bundesländer ausgewiesen, in den neuen Ländern bleibt er nur knapp über 0.

Durchgängig nicht signifikant ist das Interesse an Politik, in der Vorwahlbefragung ist auch die Einschätzung der eigenen politischen Kompetenz in den neuen Bundesländern nicht signifikant.

	Gesamt		ABL		NBL	
	B	Beta	B	Beta	B	Beta
Interesse an Politik	n.s.	n.s.	n.s.	n.s.	n.s.	n.s.
Teilnahme an Bundestagswahl; Vorwahl	-0,116	-0,076	-0,093	-0,064	-0,188	-0,112
Internal Political Efficacy	0,115	0,102	0,150	0,139	n.s.	n.s.
Konstante	3,028		2,957		3,487	
R² korr.	0,018		0,023		0,008	
Standardfehler	0,174		0,207		0,312	
N	1456		992		464	

Quelle: DFG 1998 Vorwahl, lineare Regressionsanalyse, eigene Berechnungen; alle angegebenen Effektkoeffizienten sind mindestens auf dem 95%-Niveau signifikant; n.s. = nicht signifikant

Tabelle 19: Politische Involviertheit als Determinante des politischen Vertrauens in das Parlament (Vorwahl)

	Gesamt		ABL		NBL	
	B	Beta	B	Beta	B	Beta
Interesse an Politik	n.s.	n.s.	n.s.	n.s.	n.s.	n.s.
Teilnahme an Bundestagswahl; Nachwahl	-0,574	-0,154	-0,500	-0,145	-0,780	-0,184
Internal Political Efficacy	0,117	0,111	0,090	0,088	0,110	0,099
Konstante	3,623		3,776		3,643	
R² korr.	0,039		0,036		0,038	
Standardfehler	0,176		0,210		0,331	
N	1530		1018		512	

Quelle: DFG 1998 Nachwahl, lineare Regressionsanalyse, eigene Berechnungen; alle angegebenen Effektkoeffizienten sind mindestens auf dem 95%-Niveau signifikant; n.s. = nicht signifikant

Tabelle 20: Politische Involviertheit als Determinante des politischen Vertrauens in das Parlament (Nachwahl)

Eindeutig sind dagegen die Werte für die Wahrscheinlichkeit und der tatsächlichen Wahlteilnahme. In beiden Fällen weisen die Werte negative Vorzeichen auf, was bedeutet, daß einerseits die Wahrscheinlich der Teilnahme an der Bundestagswahl mit sinkendem Vertrauen in das Parlament abnimmt. Desgleichen weisen die Ergebnisse der Nachwahlbefragung darauf hin, daß die Gruppe der Nichtwähler dem Parlament tendenziell weniger Vertrauen entgegenbringt als die Gruppe derjenigen, die an der Wahl teilgenommen hat.

Die Variable „Wahlteilnahme" gewinnt in der Nachwahlbefragung an Erklärungswert. Die Gründe hierfür liegen höchstwahrscheinlich an der methodischen Herangehensweise: während die Variable der Vorwahlbefragung lediglich die Wahrscheinlich mit einer fünfstufigen Skala mißt, wurden die Antworten der Nachwahl-Variable in „habe gewählt" und „habe nicht gewählt" dichotomisiert.

Faßt man die Ergebnisse dieses Modells zusammen, so ergeben sich folgende Aussagen.

1. Politische Involviertheit, so wie sie hier gemessen wurde, ist nur von geringer Bedeutung für die Erklärung von politischem Vertrauen in das Parlament.

2. Wahlteilnahme bzw. deren Absicht scheint besonders in den neuen Bundesländern ein starker Faktor zu sein. Niedrige Wahlbeteiligung und niedriges Vertrauen in das Parlament hängen ursächlich zusammen; da in den neuen Bundesländern sowohl Absicht als auch die tatsächliche Teilnahme deutlich niedriger ist als im Westen, werden in der Regressionsanalyse für den Osten die höheren Werte angezeigt.

3. Das Vertrauen in das Parlament steigt mit höheren Werten der politischen Kompetenz. Unklar bleibt, in welchem Maße die *internal political efficacy* das Vertrauen beeinflußt, da die Werte für die Vor- und Nachwahlbefragung stark variieren.

Die empirischen Ergebnisse für dieses Modell widersprechen in Teilen den Ergebnissen von KIMBALL / PATTERSON und HIBBING / PATTERSON. Bei Untersuchungen zum politischen Vertrauen in den amerikanischen Kongreß hatten KIMBALL / PATTERSON herausgefunden, daß die Einflußfaktoren, die sie unter dem Etikett *political efficacy* zusammengefaßt hatten, nicht signifikant waren. Darunter waren etwa die Variablen „politisches Interesse" und „politisches Wissen". Und auch HIBBING / PATTERSON fanden heraus, daß sich politisches Vertrauen in das Parlament und politische Involviertheit scheinbar widersprechen. „Still, political involvement and efficacy variables actually show negative effects on parliamentary trust – the more citizens are politically involved and efficacious, the less trusting they are in parliament" (HIBBGING / PATTERON 1994: 591).

Für die hier vorliegende Untersuchung gelten diese Aussagen nicht. Wie bereits dargestellt, existiert in beiden Teilen Deutschlands ein leichter Zusammenhang zwischen eigener politischer Kompetenz bzw. Wahlteilnahme und politischem Vertrauen in das Parlament. Die zu diesem Modell formulierte Hypothese kann also nicht bestätigt werden, vielmehr korreliert stärkeres politisches Vertrauen mit steigender eigener politischer Kompetenz bzw. mit steigender Wahrscheinlichkeit der Wahlteilnahme.

5.7 Politisches Vertrauen und politische Informiertheit

Das letzte hier vorzustellende Modell umfaßt die politische Informiertheit. Operationalisiert wird diese über verschiedene Variablen, die die Häufigkeiten des Konsums einiger Tageszeitungen und Nachrichtensendungen abfragen (siehe Tabelle 21).

	Gesamt		ABL		NBL	
	B	Beta	B	Beta	B	Beta
Medienkonsum BILD-Zeitung	0,022	0,044	n.s.	n.s.	0,056	0,104
Medienkonsum überregionale Tageszeitungen	n.s.	n.s.	n.s.	n.s.	n.s.	n.s.
Medienkonsum lokale u. regionale Tageszeitungen	0,032	0,079	0,036	0,095	0,039	0,086
Medienkonsum öff.-rechtl. Nachrichtensendungen	0,037	0,087	0,052	0,124	n.s.	n.s.
Medienkonsum private Nachrichtensendungen	-0,030	-0,078	-0,017	-0,045	-0,033	-0,083
Konstante	3,050		3,033		3,002	
R² korr.	0,024		0,030		0,020	
Standardfehler	0,051		0,060		0,098	
N	3125		2091		1034	

Quelle: DFG 1998 Vor- und Nachwahl, lineare Regressionsanalyse, eigene Berechnungen; alle angegebenen Effektkoeffizienten sind mindestens auf dem 95%-Niveau signifikant; n.s. = nicht signifikant

Tabelle 21: Politische Informiertheit als Determinante des politischen Vertrauens in das Parlament

Deutlich wird, daß politische Informiertheit hier nur quantitativ erfaßt werden kann, nicht qualitativ. Die Grundannahme ist, daß mit steigendem Konsum von Nachrichten / Tageszeitungen das politische Vertrauen in den Bundestag sinkt (vgl. hierzu die Hypothesenformulierung in Kapitel 3.6.3).

Die Werte zeigen an, daß die Relevanz dieses Modells bezüglich der Erklärung von politischem Vertrauen von geringer Bedeutung ist. Die Korrelationskoeffizienten R^2 weisen durchgängig ein niedriges Niveau auf. Während das Lesen der lokalen oder regionalen Tageszeitung in beiden Teilen Deutschlands nahezu identische Werte aufweist (B-Werte von 0,036 für ABL und 0,039 für NBL), unterscheiden sie sich bei den anderen Variablen deutlich.

Auffällig ist besonders der Unterschied zwischen den Werten der öffentlich-rechtlichen und den privaten Nachrichtensendungen. Während Bild-Zeitung, lokale Tageszeitung und eben Nachrichtensendungen von ARD und ZDF positive Vorzeichen aufweisen, liegen die Werte der privaten Nachrichtensendungen durchgängig unter null. Dabei stechen besonders die Ergebnisse für Ostdeutschland hervor, da dort der höchste Wert für den Konsum von Nachrichtensendungen privater Sendeanstalten gemessen wird, im Gegensatz dazu aber der Konsum von Sendungen der öffentlich-rechtlichen Anstalten nicht signifikant ist.

Übertragen auf das Untersuchungsproblem heißt dies, daß der Konsum von Nachrichten und Zeitungen im Prinzip mit höherem Vertrauen in das Parlament korrespondiert. Jedoch sind die Nachrichtensendungen der privaten Fernsehanstalten davon ausgenommen, da hier der Effekt wohl ins Gegenteil verkehrt ist, also mit steigendem Konsum dieser Sendungen ein Absinken der Vertrauenswerte zu erwarten ist. Ob dies mit der Themensetzung innerhalb der Sendungen oder anderen Gründen zusammenhängt, kann an dieser Stelle nicht beantwortet werden.

Faßt man die Ergebnisse dieses Modells zusammen, stellt man fest, daß sich ein uneinheitliches Bild ergibt. Die eingangs formulierte Hypothese kann nicht bestätigt werden, wiederum weisen die empirischen Ergebnisse darauf hin, daß mit steigendem Konsum von Nachrichten (egal ob im Fernsehen oder in Tageszeitungen) das Vertrauen in den Bundestag wächst. Lediglich für die privaten Medien scheint sich diese Hypothese zu bestätigen. Das Defizit dieses Modells besteht darin, Konsum lediglich über quantitative (Häufigkeiten) zu erfassen und nicht über qualitative Merkmale.

6 Mehrdimensionale Analysen

6.1 Probleme mit den bisherigen Ergebnissen

Vergleicht man die hier gefundenen Ergebnisse mit dem bereits geschilderten Forschungsstand, so lassen sich einige Parallelen ziehen. Wie schon erwähnt, weisen die Untersuchungen von WALZ und DÖRING auf den Einfluß von einigen soziodemographischen Merkmalen auf das politische Vertrauen in Institutionen hin. Am deutlichsten ist dies bei der Studie von WALZ nachzulesen, der den Merkmalen Alter, Bildung, Konfession, Kirchgangshäufigkeit und Einkommen ein gewisses Niveau an Relevanz für die Erklärung politischen Vertrauens zuweist. Vergleicht man nun die Befunde von WALZ mit den hier vorliegenden, so fällt auf, daß die soziodemographischen Merkmale in ihrer Gesamtheit weniger dazu geeignet sind, Vertrauen in den Deutschen Bundestag zu erklären. Lediglich den Variablen Alter, Kirchgangshäufigkeit und Subjektive Schichtenschätzung kann ein gewisser Erklärungswert beigemessen werden. Insofern decken sich die Ergebnisse mit denen von WALZ.

	Determinationskoeffizienten		
	Gesamt	ABL	NBL
Soziodemographische und soziostrukturelle Merkmale	0,071	0,064	0,043
Bewertung sozioökonomische Merkmale	0,144	0,114	0,171
Politische Orientierungen	0,214	0,156	0,291
Bewertung von Politikern und Parteien	0,175	0,150	0,227
Politische Involviertheit (Vorwahl)	0,018	0,023	0,008
Politische Involviertheit (Nachwahl)	0,039	0,039	0,038
Politische Informiertheit	0,024	0,030	0,020

Tabelle 22: Übersicht der Determinationskoeffizienten

Die Bewertung der sozioökonomischen Merkmale ist durchaus aussagekräftiger, da hier deutlich höhere Determinationskoeffizienten vorliegen. Innerhalb dieses Modells liegen mit den Variablen „eigene wirtschaftliche Lage", „allgemeine wirtschaftliche Lage", „zukünftige wirtschaftliche Lage" und der Frage nach der Gerechtigkeit in der Gesellschaft relativ starke Erklärungsfaktoren für das politische Vertrauen in den Deutschen Bundestag vor. Wie in

Tabelle 22 aufgeführt, weist das Modell der Bewertung ökonomischer Merkmale die drittstärksten Werte auf. Man kann davon somit davon ausgehen, daß eine Übertragung der Aussagen von PLASSER / ULRAM und auch von HIBBING / PATTERSON auf die Situation der Bundesrepublik vorsichtig möglich ist. Beide Autorenpaare weisen den wirtschaftlichen Indikatoren einen äußerst hohen Stellenwert bei der Erklärung von politischem Vertrauen bei; dies konnte hier im Prinzip bestätigt werden.

Hinsichtlich der politischen Orientierungen lassen sich nicht unbedingt klare Übereinstimmungen mit den Aussagen von WALZ, KIMBALL / PATTERSON und HIBBING / PATTERSON feststellen. Besagte Autoren gehen von einer dominierenden Rolle der Parteineigung bei der Vergabe von politischem Vertrauen aus. Dieses Ergebnis kann hier nur zu Teilen repliziert werden: Im hier vorliegenden Modell der politischen Orientierungen ist zwar die Parteiidentifikation statistisch signifikant, jedoch sind die Werte der Einschätzung der Arbeit der Bundesregierung und die der allgemeinen Demokratiezufriedenheit durchweg um ein Vielfaches höher. Daher kann von einer Dominanz der Parteineigung bzw. der Parteiidentifikation in diesem Modell keine Rede sein. Gesamt betrachtet hat dieses Modell den stärksten Erklärungswert, da hier die Werte der Korrelationskoeffizienten am höchsten sind.

Im Einklang mit den bisherigen Befunden stehen die Ergebnisse zum Komplex der Bewertung von Politikern. Hier weisen HIBBING / PATTERSON, KIMBALL / PATTERSON und WALZ darauf hin, daß gerade diese Variablen einen äußerst starken Einfluß für die Erklärung politischen Vertrauens haben. Diese Aussage konnte bestätigt werden, da gerade von den positiven Items der Parteien– und Politikerbewertung ein starker Effekt ausgeht, zudem in den neuen Ländern von der *external political efficacy*. Bestätigt wird die Stärke dieses Modells durch den zweithöchsten Wert der Korrelationskoeffizienten.

Die beiden letzten behandelten Variablenkomplexe (politische Involviertheit und politische Informiertheit) weisen durchweg geringe Bestimmtheitsmaße auf. Eindeutige Effekte gehen von der Wahrscheinlichkeit bzw. der tatsächlichen Wahlteilnahme aus. Des weiteren stellt die Einschätzung der eigenen politischen Kompetenz einen wichtigen Faktor innerhalb des Modells der politischen Involviertheit dar. Für das letzte eindimensionale Modell (politische Informiertheit) läßt sich festhalten, daß zwar dem Medienkonsum (TV oder Zeitung) ein Einfluß zugestanden werden kann, aber nur auf geringem Niveau. Daneben existieren bei diesem Modell meiner Einschätzung nach einige Defizite, die bereits geschildert wurden. Die Ergebnisse von KIMBALL / PATTERSON und HIBBING / PATTERSON, die davon ausgehen, daß kein Zusammenhang zwischen politischer Involviertheit und Informiertheit und politischen Vertrauen in das Parlament besteht, können mit diesen beiden Modellen nicht bestätigt werden.

Die bisherigen Befunde vermitteln daher zwar eine Vorstellung für die Erklärung politischen Vertrauens in den Deutschen Bundestag, dennoch existiert nicht das eine gültige Modell. Vielmehr deuten die gefundenen Ergebnisse darauf hin, daß sich politisches Vertrauen nicht eindimensional erklären läßt und damit es einer Vielzahl von Faktoren bedarf, um eine restlose Erklärung liefern zu können. Erhärtet wird dieser Verdacht dadurch, daß bei den bisherigen Analysen drei Modelle mit ihren Determinationskoeffizienten besonders hervorstechen, während die restlichen Variablenkomplexe auf einen eher verhalten Zusammenhang hinweisen.

Wie in den vorgestellten Ergebnissen mehrfach deutlich wurde, bestehen deutliche Unterschiede in den beiden großen Regionen Deutschlands bezüglich der Erklärungsfaktoren. Nicht nur die Werte der Korrelationskoeffizienten weichen oftmals gravierend voneinander ab, auch innerhalb der vorgestellten Modelle haben die einzelnen unabhängigen Variablen einen unterschiedlichen Stellenwert (siehe Tabelle 22).

Aus diesem Grund erscheint es sinnvoll, weitere Analysen durchzuführen, um eindeutigere Ergebnisse zu erhalten.

Die vorgeschlagene Vorgehensweise ist dabei die folgende: Zunächst werden die für die einzelnen Modelle jeweils – wo möglich - beiden stärksten Variablen identifiziert und zu einem neuen Modell zusammengefaßt. Somit werden aus den vorliegenden sechs Modellen insgesamt zwölf Variablen extrahiert, die dann in eine erneute Regressionsanalyse einfließen.

Diese Vorgehensweise wird für alle drei Subgruppen (Gesamtdeutschland, alte Bundesländer, neue Bundesländer) durchgeführt, zusätzlich wird im vorletzten Variablenkomplex (politische Involviertheit) nochmals zwischen den Ergebnissen der Vor- und Nachwahl unterschieden. Eine Übersicht der in die Analyse einbezogenen Variablen enthält Tabelle 23.

Modell	Gesamt	ABL	NBL
soziodemo-graphisch	Alter Kirchgangshäufigkeit	Alter Kirchgangshäufigkeit	Subjektive Schichteinschätzung
sozio-ökonomisch	Allgemeine wirtschaftliche Lage Gesellschaftsordnung	Allgemeine wirtschaftliche Lage Gesellschaftsordnung	Allgemeine wirtschaftliche Lage Gesellschaftsordnung
Orientierungen	Einschätzung Regierungsleistung Demokratiezufriedenheit	Einschätzung Regierungsleistung Demokratiezufriedenheit	Einschätzung Regierungsleistung Demokratiezufriedenheit
Bewertung	External Political Efficacy PPB, positive Items	PPB, positive Items PPB, negative Items	External Political Efficacy PPB, positive Items
Involviertheit Vorwahl	Internal Political Efficacy Teilnahme an Bundestagswahl	Internal Political Efficacy Teilnahme an Bundestagswahl	Teilnahme an Bundestagswahl
Involviertheit Nachwahl	Internal Political Efficacy Teilnahme an Bundestagswahl	Internal Political Efficacy Teilnahme an Bundestagswahl	Internal Political Efficacy Teilnahme an Bundestagswahl
Informiertheit	Lok. / reg. Tageszeitungen Öff.-rechtl. Nachrichten	Lok. / reg. Tageszeitungen Öff.-rechtl. Nachrichten	BILD-Zeitung Lok. / reg. Tageszeitungen

Tabelle 23: Reformuliertes Modell

6.2 Modellübergreifende Analysen

Wie bereits beschrieben, setzt die Neuformulierung des Modells bei einer Zusammenfassung der bisher relevanten und signifikanten unabhängigen Variablen an. Aus den bisher sechs eindimensionalen Modellen (es wurden immer nur Aussagen hinsichtlich eines Variablenkomplexes überprüft) wurden bei der nun folgenden mehrdimensionalen Analyse jeweils die (wo möglich) beiden stärksten Determinanten eliminiert und in dieses neue Regressionsmodell eingefügt. Somit stehen sowohl für die Vorwahl als auch für die Nachwahl jeweils mindestens zehn signifikante Faktoren zur Verfügung, um das politische Vertrauen in den Deutschen Bundestag erklären zu können.

In Tabelle 24 sind die Ergebnisse für die Vorwahl dokumentiert, unterteilt nach einer gesamtdeutschen Analyse und nochmals für die beiden Regionen der Bundesrepublik (ABL, NBL).

	Gesamt		ABL		NBL	
	B	Beta	B	Beta	B	Beta
Alter	n.s.	n.s.	0,054	0,022	-	-
Kirchgangshäufigkeit	n.s.	n.s.	n.s.	n.s.	-	-
Subjektive Schichteinschätzung	-	-	-	-	n.s.	n.s.
Allgemeine wirtschaftliche Lage	n.s.	n.s.	n.s.	n.s.	n.s.	n.s.
Gesellschaftsordnung	-0,161	-0,109	-0,102	-0,074	-0,247	-0,137
Einschätzung der Regierungsleistung	0,091	0,253	0,071	0,206	0,135	0,349
Demokratiezufriedenheit	-0,149	-0,150	-0,167	-0,167	-0,099	-0,097
External Political Efficacy	0,162	0,139	-	-	0,163	0,120
Parteien- und Politikerbewertung, positive Items	0,145	0,113	0,165	0,140	0,199	0,138
Parteien- und Politikerbewertung, negative Items	-	-	0,164	0,134	-	-
Internal Political Efficacy	n.s.	n.s.	n.s.	n.s.	-	-
Teilnahme Bundestagswahl (Vorwahl)	n.s.	n.s.	n.s.	n.s.	n.s.	n.s.
Medienkonsum lokale u. regionale Tageszeitungen	n.s.	n.s.	n.s.	n.s.	n.s.	n.s.
Medienkonsum öff.-rechtl. Nachrichtensendungen	n.s.	n.s.	n.s.	n.s.	-	-
Medienkonsum BILD-Zeitung	-	-	-	-	n.s.	n.s.
Konstante	2,583		2,322		2,267	
R² korr.	0,314		0,269		0,386	
Standardfehler	0,268		0,335		0,462	
N	1164		783		348	

Quelle: DFG 1998 Vorwahl, lineare Regressionsanalyse, eigene Berechnungen; alle angegebenen Effektkoeffizienten sind mindestens auf dem 95%-Niveau signifikant; n.s. = nicht signifikant; leere Felder: Variable wurde nicht in die regionale Analyse aufgenommen

Tabelle 24: Mehrdimensionale Determinanten (Vorwahl)

Was nun besonders auffällt ist die Tatsache, daß von den zwölf in das Regressionsmodell eingeschlossenen Faktoren für Gesamtdeutschland nur fünf für die Erklärung politischen Vertrauens relevant sind. Wie anhand der bisherigen Ergebnisse zu erwarten war, weisen genau die Modellvariablen die höchsten Werte auf, die bereits in den eindimensionalen Regressionsanalysen die höchsten Determinationskoeffizienten (siehe Tabelle 22) vorlegten.

Sowohl in der Vorwahl (Tabelle 24) als auch in der Nachwahl (Tabelle 25) stellen die Variablen, die aus den Modellen „politische Orientierungen" und „Bewertung von Politikern" stammen, die aussagekräftigsten dar.

Doch nicht nur für die Vor- bzw. Nachwahlerhebung läßt sich diese Aussage festhalten; besonders auffällig ist, daß durchweg die Einschätzung der Regierungsleistung mitunter die höchsten Werte aufweist, gefolgt von der Parteien- und Politikerbewertung (positive Items) und der Frage nach der Demokratiezufriedenheit. Gerade in den neuen Bundesländern steht die Bewertung der Regierung im Mittelpunkt der präsentierten Ergebnisse. Für die Vorwahlbefragung wird für diese Variable ein Spitzenwert von Beta 0,349 ermittelt; dies zeigt, wie dominant dieser Faktor innerhalb Ostdeutschlands ist. Zwar weist diese Variable in den alten Ländern ebenfalls den höchsten Wert auf, doch im

direkten Vergleich mit den neuen Ländern halbiert sich hier die Erklärungs-
kraft (für die Vorwahl: B-Wert 0,071 für ABL; B-Wert 0,135 für NBL).

	Gesamt		ABL		NBL	
	B	Beta	B	Beta	B	Beta
Alter	n.s.	n.s.	n.s.	n.s.	-	-
Kirchgangshäufigkeit	n.s.	n.s.	n.s.	n.s.	-	-
Subjektive Schichteinschätzung	-	-	-	-	n.s.	n.s.
Allgemeine wirtschaftliche Lage	n.s.	n.s.	n.s.	n.s.	n.s.	n.s.
Gesellschaftsordnung	-0,162	-0,144	-0,141	-0,104	-0,211	-0,126
Einschätzung der Regierungsleistung	0,052	0,165	0,037	0,126	0,080	0,223
Demokratiezufriedenheit	-0,113	-0,116	-0,068	-0,070	-0,179	-0,176
External Political Efficacy	0,134	0,125	-	-	n.s.	
Parteien- und Politikerbewertung, positive Items	0,201	0,175	0,149	0,133	0,334	0,288
Parteien- und Politikerbewertung, negative Items	-	-	0,163	0,144	-	-
Internal Political Efficacy	n.s.	n.s.	n.s.	n.s.	n.s.	n.s.
Teilnahme Bundestagswahl (Nachwahl)	-0,212	-0,053	n.s.	n.s.	n.s.	n.s.
Medienkonsum lokale u. regionale Tageszeitungen	n.s.	n.s.	n.s.	n.s.	n.s.	n.s.
Medienkonsum öff.-rechtl. Nachrichtensendungen	0,032	0,077	n.s.	n.s.	-	-
Medienkonsum BILD-Zeitung	-	-	-	-	n.s.	n.s.
Konstante	2,748		2,686		2,541	
R² korr.	0,236		0,180		0,358	
Standardfehler	0,269		0,343		0,467	
N	1222		835		358	

Quelle: DFG 1998 Nachwahl, lineare Regressionsanalyse, eigene Berechnungen; alle angegebenen Effektkoeffizienten sind mindestens auf dem 95%-Niveau signifikant; n.s. = nicht signifikant; leere Felder: Variable wurde nicht in die regionale Analyse aufgenommen

Tabelle 25: Mehrdimensionale Determinanten (Nachwahl)

Obwohl die erklärenden Variablen in beiden Teilen Deutschlands nahezu
identisch sind, werden deutliche Unterschiede bezüglich der Erklärungsstärke
der abhängigen Variable sichtbar. Dabei gilt, daß insbesondere in den neuen
Bundesländern mit 38,6 bzw. 35,8 Prozent ein beachtlicher Anteil der Varianz, dagegen in den alten Ländern nur 26,9 bzw. 18,0 Prozent durch das
mehrdimensionale Modell erklärt werden können. Politisches Vertrauen in
den Deutschen Bundestag scheint also im Osten stärker von Performanzfaktoren[15] abhängig zu sein als im Westen Deutschlands.

Faßt man die Ergebnisse der mehrdimensionalen Analyse zusammen, so erhält man eine Bestätigung der früheren Einschätzung, wonach die politische
Orientierung und die Bewertung von Politikern eine herausragende Rolle bei

---

[15] Unter Performanzfaktoren werden in dieser Arbeit die folgenden Variablen verstanden:
Gesellschaftsordnung, Einschätzung der Regierungsleistung, Demokratiezufriedenheit,
external political efficacy, Parteien- und Politikerbewertung (positive und negative Items)

der Erklärung von politischem Vertrauen in das Parlament spielen. Absehbar war diese Erkenntnis schon durch die eindimensionalen Regressionsanalysen und den damit verbundenen Tests der einzelnen Modelle. Im reformulierten Modell konnten diese Ergebnisse bestätigt werden. Somit stehen einige Determinanten für die Erklärung politischen Vertrauens in den Deutschen Bundestag fest, als da wären:[16]

- Gerechtigkeit der Gesellschaft

- Einschätzung der Regierungsleistung

- Demokratiezufriedenheit

- External political efficacy

- Parteien- und Politikerbewertung (positive Items)

6.3 Zusammenfassung

Ein Ausgangspunkt der Überlegungen dieser Arbeit war die Sorge um die innere Einheit Deutschlands und die Skepsis gegenüber der Stabilität des politischen Systems. Die Annahme ist, daß ein politisches System dann in seiner Stabilität gefährdet ist, wenn es zu keiner Kongruenz von politischer Kultur und politischer Struktur kommt. Diese Gefahr war nach der Einheit Deutschlands akut geworden, da mit dem Beitritt der DDR zum Geltungsbereich des Grundgesetzes zunächst von zwei unterschiedlichen politischen Kulturen ausgegangen werden mußte, die sich in ihren Einstellungen gegenüber dem politischen System diametral unterschieden.

Stabil ist ein politisches System dann, wenn sich die politische Struktur kongruent zur politischen Kultur verhält: „A congruent political culture would be one appropriate for the structure: in other words, where political cognition in the population tend to be accurate, and where affect and evaluation would tend to be favorable" (ALMOND / VERBA 1965: 20). Daher sollten in beiden Teilen Deutschlands zumindest nach einiger Zeit annähernd übereinstim-

---

[16] berücksichtigt wurden die Variablen, die mindestens in zwei Regionen (Gesamtdeutschland, ABL, NBL) signifikant sind

mende politische Einstellungen gegenüber dem politischen System vorzufinden sein, um von einem stabilen System sprechen zu können.

Wenn man sich die empirischen Ergebnisse dieser Arbeit nochmals vor Augen führt, dann kann man durchaus von einer Annäherung oder gar Akkulturation der beiden Teile Deutschlands sprechen. Das Sinken des Vertrauensniveaus scheint in Ost und West gleichermaßen gestoppt worden zu sein, und im direkten Vergleich deuten die 1998er Werte auf die geringste Prozentpunktdifferenz seit 1991 hin.

Auch die Tendenz bei der Verteilung und der Struktur des politischen Vertrauens in den Deutschen Bundestag ist beinahe deckungsgleich, wenn auch Unterschiede hinsichtlich des Niveaus immer noch deutlich zu Tage treten.

Bezüglich der erklärungsrelevanten Determinanten läßt sich festhalten: Die Analysen des mehrdimensionalen Modells machen deutlich, daß in beiden Teilen Deutschlands fast die gleichen Determinanten das politische Vertrauen in den Deutschen Bundestag erklären. Unterschiede existieren lediglich in der Erklärungsstärke. Damit kann man bezüglich des politischen Vertrauens von weitgehend übereinstimmenden politischen Einstellungen sprechen, die nach ALMOND und VERBA gegeben sein sollten.

Zusammenfassend läßt sich somit festhalten, daß die beiden Teile Deutschlands zusehends zusammenwachsen. Zumindest was das politische Vertrauen in den Deutschen Bundestag anbelangt, ist eine Annäherung deutlich absehbar. Nicht nur die erklärungsrelevanten Determinanten sind in Ost und West gleichermaßen vorhanden, sondern auch das Niveau des Vertrauens nähert sich schrittweise an.

7 Schlussteil

7.1 Forschungsproblem

Ausgangspunkt dieser Arbeit war die Frage nach der Kongruenz von politischer Kultur und politischer Struktur im Sinne ALMOND und VERBAs im vereinigten Deutschland. Da die Stabilität bzw. die Persistenz eines politischen Systems nicht nur von institutionellen und sozio-ökonomischen Faktoren, sondern auch von kulturellen Größen (bestimmte politische Werte, Normen und Einstellungen) bestimmt wird, widmet sich diese Arbeit einem Aspekt der politischen Orientierungen, nämlich dem politischen Vertrauen in den Deutschen Bundestag. Zentrale Fragestellung dabei war, ob in den beiden Teilen Deutschlands ein ähnliches Ausmaß bzw. eine ähnliche Struktur und Verteilung des politischen Vertrauens in das Parlament vorhanden ist. Sollte dies nicht der Fall sein, so hätte dies für die zukünftige Stabilität und Funktionsfähigkeit des politischen Systems der Bundesrepublik Deutschland erhebliche Folgen.

7.2 Vorgehensweise und angewandte Methoden

Vor der Durchführung der empirischen Analysen stand zunächst die theoretische Beschäftigung mit dem Aspekt politische Unterstützung bzw. dem politischen Vertrauen. Dabei wurden die zentralen Bereiche und Ansätze der politischen Vertrauensforschung vorgestellt, systematisiert und diskutiert und für das vorliegende Forschungsproblem vorbereitet. Zugleich wurden vorhandene theoretische Ansätze und empirische Forschungsergebnisse zu diesem Thema vorgestellt und anhand derer Hypothesen für das vorliegende Problem abgeleitet.

In der folgenden empirischen Analyse wurden verschiedene uni- und bivariaten Methoden der empirischen Sozialforschung auf den vorliegenden Datensatz angewandt, im Hauptteil der empirischen Analyse daneben auch multivariate Analysetechniken (Regressionsanalysen).

7.3 Empirische Befunde

Die empirischen Analyse orientierten sich nach dem Ausmaß, Struktur, Verteilung und Determinanten des politischen Vertrauens in den Deutschen Bundestag. Nachfolgend werden die wichtigsten Ergebnisse nochmals aufgeführt.

Ergebnisse hinsichtlich des Ausmaßes von politischem Vertrauen:

- Seit der Vereinigung Deutschlands wurden jährlich (Ausnahme: keine Daten für das Jahr 1997) die Werte des Vertrauens in den Deutschen Bundestag erhoben. Ausgehend vom Jahr 1991 verschlechterten sich die Werte zunehmend in Ost und West gleichermaßen (Ausnahme: Anstieg in beiden Teilen Deutschlands 1995) und sanken 1996 schließlich auf den tiefsten Punkt. Mit den beiden vorliegenden Daten in 1998 (Vorwahl und Nachwahl) läßt sich eine Erholung der Werte belegen und eine steigende Tendenz, vor allem in der Nachwahlbefragung, für das politische Vertrauen in das deutsche Parlament ausmachen.

- Hinsichtlich der Unterschiede der Werte in Ost- und Westdeutschland deuten die 1998er-Daten auf eine allmähliche Annäherung hin. So wurde in der Nachwahlbefragung erstmals eine Prozentpunktdifferenz von unter neun Punkten ermittelt.

Ergebnisse hinsichtlich der Verteilung von politischem Vertrauen:

- Politisches Vertrauen stellt eine Kategorie der diffusen Unterstützung dar und richtet sich nach EASTON direkt auf die politische Ordnung (*regime*) und die amtierenden Herrschaftsträger (*authorities*). Basierend auf diesem Modell sollte daher kein systematischer Zusammenhang zwischen der Zugehörigkeit zu einer gesellschaftlich-politischen Gruppe und der Regimeunterstützung ausgehen. Die empirischen Ergebnisse deuten auf einen nur leichten statistischen Zusammenhang hin. Ausschlaggebend dafür ist die Einschätzung der subjektiven Schichtzugehörigkeit, die (im Osten stärker als im Westen) Einfluß auf das politische Vertrauen ausübt.

- Schwache bzw. keine Einflüsse gehen von der Links-Rechts-Selbsteinstufung und dem Materialismus-Postmaterialismus-Index aus. Dagegen kann der Parteiidentifikation ein gewisser Stellenwert bei der Erklärung politischen Vertrauens zugemessen werden. Deutlich wird, daß Anhänger von Extremparteien (hier: PDS und DVU) dem Deutschen Bundestag durchschnittlich weniger vertrauen als Anhänger anderer Parteien.

- Ebenso verhält es sich mit den Anhängern der jeweiligen Regierungskoalition. Diese vertrauen dem Parlament tendenziell mehr als Anhänger der Oppositionsparteien.

Ergebnisse hinsichtlich der Struktur von politischem Vertrauen:

- Das Alter spielt nur im Westen eine Rolle bei der Erklärung von politischem Vertrauen. Man kann davon ausgehen, daß das Vertrauen mit steigendem Alter wächst, eindeutige Kohorteneffekte lassen sich aber nicht ausmachen.

- Problematisch wird es ebenfalls bei der Kirchgangshäufigkeit, die zwar ein beiden Teilen Deutschlands signifikante Werte aufweist, aber nur in den alten Bundesländern eindeutig interpretierbar ist. Danach korrelieren Häufigkeit des Kirchgangs und politisches Vertrauen positiv miteinander, was bedeutet, daß mit steigender Kirchgangshäufigkeit auch das politische Vertrauen wächst.

- Eindeutig sind die Ergebnisse bei der Einschätzung der allgemeinen und individuellen wirtschaftlichen Lage. Je zufriedener ein Befragter mit seiner eigenen oder der allgemeinen ökonomischen Situation ist, desto mehr Vertrauen bringt er dem Parlament entgegen.

Ergebnisse hinsichtlich der Determinanten von politischem Vertrauen:

- In mehreren eindimensionalen Analysen wurden anhand der Stärke der Determinationskoeffizienten zwei Modelle gefunden, die am stärksten das politische Vertauen in den Deutschen Bundestag belegen. Es handelt sich dabei um das Modell der politischen Orientierungen und dem Modell der Bewertung von Politikern.

- In einem weiteren Analyseschritt wurden in einem reformulierten und mehrdimensionalen Modell die Variablen integriert, die bei den eindimensionalen Analysen die höchsten Werte aufwiesen. Als Gesamtergebnis läßt sich festhalten, daß in Ost und West gleichermaßen einige Variablen zur Erklärung von politischem Vertrauen herangezogen werden können als da wären: Einschätzung der Gerechtigkeit der Gesellschaftsordnung, Einschätzung der Regierungsleistung, Demokratiezufriedenheit, *External political efficacy* und Parteien- und Politikerbewertung (positive Items).

7.4 Diskussion

Wie in den theoretischen Ausführen zu Beginn dieser Arbeit aufgezeigt, unterscheidet man nach EASTON grundsätzlich zwischen zwei Arten politischer Unterstützung: Zum einem die spezifische Unterstützung, die als konkrete Outputbewertung der amtierenden Herrschaftsträger bezeichnet werden kann. Charakteristisch für diese Art der Unterstützung ist die kurzfristige Änderbarkeit, da die Bürger je nach „instrumenteller Vor- / Nachteilserwägung" (WESTLE 1992: 437) den Regierenden mehr oder weniger Unterstützung entgegenbringen.

Die zweite Unterstützungsart ist die diffuse Unterstützung, die aus Legitimität und Vertrauen besteht. Diffuse Unterstützung sollte nach EASTON die fundamentale Bewertung des politischen Systems beinhalten, damit längerfristig und dauerhaft angelegt sein. Umschrieben wird diese Art auch mit einer generalisierten Outputbewertung. Gerade die diffuse Unterstützung sollte keinen großen Schwankungen unterworfen sein, da sonst Gefahr für die Stabilität des politischen Systems droht.

Die empirischen Analysen dieser Arbeit haben ergeben, daß vor allem die sog. Performanzfaktoren (Demokratiezufriedenheit, Einschätzung der Regierungsleistung, Parteien- und Politikerbewertungen, *external political efficacy* (politische Responsivität)) und die Einschätzung der Gerechtigkeit der Gesellschaft maßgeblich für die Erklärung von politischem Vertrauen in den

Deutschen Bundestag bestimmend sind. Zusammenfassen kann man diese erklärenden Variablen auch unter dem Oberbegriff „Output- und Performanz-Bewertung des politischen Systems". Wie weitere Analysen ergeben haben, war gerade das politische Vertrauen in das Parlament relativ starken Schwankungen unterworfen und hat sich zumindest für 1998 wieder etwas erholt. Vergleicht man nun die empirischen Ergebnisse mit den Erfordernissen, die EASTON in seinem Konzept der politischen Unterstützung formuliert, ergeben sich einige Diskrepanzen, die im folgenden diskutiert werden sollen.

Eine *erste Vermutung* stellt weder das Konzept noch die gefundenen empirischen Ergebnisse bzw. die Meßinstrumente in Frage. Vielmehr kann man davon ausgehen, daß die befragten Bürger keinen Unterschied zwischen den einzelnen Institutionen machen. Der Bürger unterscheidet nicht zwischen der Bundesregierung dem Parlament als politische Akteure, sondern definiert diese als „politiknahe Institutionen" (WALZ 1996: 118ff.) oder als „Institutionen des Parteienstaates" (GABRIEL 1996: 262).

Daß die Bundesregierung, der Bundestag, der Bundesrat und die politischen Parteien „in der Sicht der Bevölkerung eine Handlungseinheit" (GABRIEL 1996: 262) bilden, könnte anhand der Ergebnisse dieser Arbeit durchaus bestätigt werden, da gerade die Politikerbewertung und die Einschätzung der Leistung der Bundesregierung starken Erklärungswert haben.

Diese Argumentation wird nochmals dadurch bestätigt, wenn man sich die Ausführungen DÖRING, RUDZIO, PATZELT und anderer Autoren zum Neuen Dualismus vor Augen führt. Kernaussage ist die, daß gerade im Deutschen Bundestag die Trennlinie nicht zwischen Regierung und Parlament verläuft, sondern zwischen Regierungsmehrheit und Opposition. So ist es durchaus vorstellbar, daß in Teilen der Bevölkerung der Eindruck entsteht, Regierung, Parlament, Bundesrat und politische Parteien seien eine Einheit. Die formale Trennung zwischen *regime* und *authorities* im Sinne EASTONs ist somit durchbrochen.

Die *zweite Vermutung* setzt bei der Modellformulierung EASTONs an. Wie bereits dargestellt, haben sowohl die spezifische als auch die diffuse Unterstützung (politisches Vertrauen) den gleichen Objektbezug, nämlich die amtierenden Herrschaftsträger (*authorities*). Dieses Objekt ist also doppelt belegt. Wenn gerade kurzfristige Outputbewertungen das Kennzeichen der spezifischen Unterstützung sind, aber, wie in dieser Arbeit präsentiert, politisches Vertrauen stark von Performanzfaktoren abhängig ist, dann macht die Trennung von spezifischer Unterstützung und politischem Vertrauen m.E. nach keinen Sinn. Daher wäre es lohnenswert, diesen Schwachpunkt im Modell EASTONs nochmals näher zu beleuchten, um zu einer eindeutigen analytischen Trennung zwischen den Arten und innerhalb der Unterstützungsmodi zu kommen.

Eine *letzte Vermutung* stellt nicht das Modell in Frage, sondern bezieht sich auf das Meßinstrument. Wie nun schon mehrfach beschrieben, wurden Performanzfaktoren als erklärende Determinanten des politischen Vertrauens identifiziert. Was wurde aber genau gemessen? War es nun das politische Vertrauen in den Bundestag als Institution (*regime* i.S. EASTONs) oder das politische Vertrauen in die Bundestagsabgeordneten (*authorities* i.S. EASTONs)?

Politisches Vertrauen wurde über die Frage nach dem Vertrauen in den Bundestag operationalisiert. Wenn man nun davon ausgeht, daß das Modell EASTONs stimmt und die empirischen Ergebnisse ebenso, dann liegt die Vermutung auf der Hand, daß nicht diffuse, sondern spezifische Unterstützung gemessen wurde, da fast alle erklärenden Variablen Output-Bewertungen der Regierenden darstellen. Die Konsequenz wäre, daß mit der Frage nach dem Vertrauen in den Bundestag nicht die Kategorie „Vertrauen" der diffusen Unterstützung abgedeckt wird.

Daher scheint es sinnvoll, in weiteren Untersuchungen ein valides Meßinstrument für politisches Vertrauen zu entwerfen und zu testen, eventuell analog zum bereits vorhandenen trust-in-government-Index, der das Vertrauen in die amerikanische Bundesregierung mißt (vgl. MILLER 1974a: 953ff.).

7.5 Fazit und abschließende Bemerkungen

Hinsichtlich der weiteren Forschung kann die Empfehlung abgegeben werden, bei zukünftigen Befragungen stärker darauf zu achten, ob die Fragestellung sich direkt auf den Bundestag als Institution bezieht oder vielmehr die Amtsinhaber gemeint sind. Eine stärkere Differenzierung, ob nun Personen, Institutionen oder das System an sich abgefragt werden, beugt analytischen Undeutlichkeiten und damit Fehleinschätzungen vor. Weiterhin wäre es bei Forschungen über den Deutschen Bundestag ratsam, einen Index zu entwikkeln, der politisches Vertrauen direkt abbildet, um somit ein valides Ergebnis erhalten zu können.

Die innere Einheit Deutschlands ist vielleicht noch nicht formvollendet, doch allzu negativ scheint die Entwicklung m.E. nach nicht zu sein. Die hier präsentierten Befunde belegen eine Annäherung von Ost und West bezüglich des politischen Vertrauens in den Deutschen Bundestag. Nachdem die Werte des Vertrauens seit 1991 bis auf zwei Ausnahmen beständig gesunken sind, zeigen die hier vorliegenden Daten einen Anstieg an. Erfreulich dabei ist, daß der Unterschied zwischen Ost und West immer mehr abnimmt.

Des weiteren konnte mit dieser Arbeit belegt werden, daß Struktur, Verteilung und die Determinanten des politischen Vertrauens in das Parlament der Bundesrepublik in den alten und neuen Ländern ähnlich sind. Ein vollständige Kongruenz von politischer Struktur und politischer Kultur in Ost und West ist zwar (noch) nicht vorhanden, der Weg dafür aber schon eingeschlagen.

8 Literaturverzeichnis

ABERBACH, Joel D. / WALKER, Jack L., 1970: Political Trust and Racial Ideology, In: The American Political Science Review 64, S. 1199 - 1219

ABRAMSON, Paul R. / INGLEHART, Ronald, 1970: The development of systemic support in four western democracies, In: Comparative Political Studies 2, S. 419 - 442

ABRAMSON, Paul A. / FINIFTER, ADA W., 1981: On the Meaning of Political Trust: New Evidence From Items Introduced in 1978, In: American Journal of Political Science 37, S. 57 - 82

ABRAMSON, Paul R., 1983: Political Attitudes in America. Formation and Change, San Francisco

AGGER, Robert / GOLDSTEIN, Marshall N. / PAERL, Stanley A., 1961: Political Cynicism: Measurement and Meaning, In: The Journal of Politics 23, S. 477 - 506

ALMOND, Gabriel A. / POWELL, G. Bingham, 1978: Comparative Politics, Boston

ALMOND, Gabriel A. / VERBA, Sidney, 1965: The Civic Culture. Political Attitudes and Democracy in Five Nations, Boston

ALMOND, Gabriel A., 1980: The Intellectual History of the Civic Culture Concept, In: ALMOND, Gabriel A. / VERBA, Sidney (Hg.): The Civic Culture Revisited, Boston / Toronto

ANDERSON, Christopher / GUILLORY, Christine A., 1997: Political Institutions and Satisfaction with Democracy. A Cross National Analysis of Consensus and Majoritarian Systems, In: American Political Science Review 91, S. 66 - 81

ARZHEIMER, Kai / FALTER, Jürgen W., 1998: "Annäherung durch Wandel"? Das Wahlverhalten bei der Bundestagswahl 1998 in Ost-West-Perspektive, In: Aus Politik und Zeitgeschichte B52/98, S. 33-43

BACKHAUS, Klaus / ERICHSON, Bernd / PLINKE, Wulff / WEIBER, Rolf, 1996: Multivariate Analysemethoden. Eine anwendungsorientierte Einführung, Berlin u.a., 8. Auflage

BAGEHOT, Walter, 1963: The English Constitution : With an introd. by the first Earl of Balfour, Reprint der Ausgabe von 1867, London

BAKER, Kendall L. / DALTON, Russel J. / HILDEBRANDT, Kai, 1981: Germany Transformed. Political Culture and the New Politics, Cambridge / London

BAUER, Petra, 1991: Politische Orientierungen im Übergang. Eine Analyse politischer Einstellungen der Bürger in West- und Ostdeutschland 1990/1991, In: Kölner Zeitschrift für Soziologie und Sozialpsychologie 43, S. 433 - 453

BAUER-KAASE, Petra, 1994: Die Entwicklung politischer Orientierungen in Ost- und Westdeutschland seit der deutschen Vereinigung, In: NIEDERMAYER, Oskar / STÖSS, Richard (Hg.): Parteien und Wähler im Umbruch. Parteiensystem und Wählerverhalten in der ehemaligen DDR und den neuen Bundesländern, Opladen

BENNINGHAUS, Hans, 1992: Deskriptive Statistik, Stuttgart, 7. Auflage

BEYME, Klaus von, 1993: Das politische System der Bundesrepublik Deutschland nach der Vereinigung. Vollständig überarbeitete Neuausgabe, München

BEYME, Klaus von, 1993: Der Parteienstaat und die Vertrauenskrise in der Politik, In: UNSELD, Siegfried (Hg.): Politik ohne Projekt? Nachdenken über Deutschland, Frankfurt am Main

BOK, Derek, 1997: Measuring the Performance of Government, In: NYE, Joseph S. Jr / ZELIKOW, Philip D. / KING, David C. (Hg.): Why People don't trust Government, Cambridge / London

BOYNTON, Gerald R. / LOEWENBERG, Gerhard, 1973: The developement of public support for Parliament in Germany, In: British Journal of Political Science 3, S. 169 - 189

BRAUN, Michael / MOHLER, Peter Ph. (Hg.), 1992: Blickpunkt Gesellschaft 2. Einstellungen und Verhalten der Bundesbürger in Ost und West, Opladen

BRAUN, Michael / MOHLER, Peter Ph. (Hg.), 1994: Blickpunkt Gesellschaft 3. Einstellungen und Verhalten der Bundesbürger, Opladen

BRAUN, Michael / MOHLER, Peter Ph. (Hg.), 1998: Blickpunkt Gesellschaft 4. Soziale Ungerechtigkeit in Deutschland, Opladen

BRETTSCHNEIDER, Frank, 1995: Öffentliche Meinung und Politik. Eine empirische Studie zur Responsivität des deutschen Bundestages zwischen 1945 und 1990, Opladen

BRUNNER, Wolfram / WALZ, Dieter, 1998: Selbstindentifikation der Ostdeutschen 1990 - 1997. Warum sich die Ostdeutschen zwar als Bürger zweiter Klasse fühlen, wir aber nicht auf die "innere Mauer" treffen, In: MEULEMANN, Heiner (Hg.): Werte und nationale Identität im vereinten Deutschland. Erklärungsansätze der Umfrageforschung, Opladen

Bundeszentrale für politische Bildung (Hg.), 1995: Staatsrecht der Bundesrepublik Deutschland, Bonn

CITRIN, Jack, 1974: Comment: The Political Relevance of Trust in Government, In: American Political Science Review 68, S. 973 - 988

CONRADT, David P., 1980: Changing German Political Culture, In: ALMOND, Gabriel A. / VERBA, Sidney (Hg.): The Civic Culture Revisited, Boston / Toronto

CRAIG, Stephen C. / NIEMI, Richard G. / SILVER, Glenn E., 1990: Political Efficacy and Trust: A Report on the NES Pilot Study Items, In: Political Behaviour 12, S. 289 - 314

DAVIDSON, Roger H., 1990: Congress as a Representative Institution, In: THAYSEN, Uwe u.a. (Hg.): The U.S. Congress and the German Bundestag. Comparison of democratic processes, Boulder u.a.

DEINERT, Rudolf Günter, 1997: Institutionenvertrauen, Demokratiezufriedenheit und Extremwahl: Ein Vergleich zwischen westdeutscher Rechts- und ostdeutscher PDS-Wahl, St. Augustin

DÖRING, Herbert, 1990: Aspekte des Vertrauens in Institutionen. Westeuropa im Querschnitt der Internationalen Wertestudie 1981, In: Zeitschrift für Soziologie, 19/2, S. 73 - 89

DÖRING, Herbert, 1992: Parlament und Regierung, In: GABRIEL, Oscar W. (Hg.): Die EU-Staaten im Vergleich. Strukturen, Prozesse, Politikinhalte, Opladen, 2. Auflage

DÖRING, Herbert, 1995: Time as a Scarce Resource: Government Control of the Agenda, In: DÖRING, Herbert (Hg.): Parliaments and Majority Rule in Western Europe, Frankfurt / New York

EASTON, David, 1953: The Political System. An Inquiry into the State of Political Science, New York

EASTON, David, 1965: A Systems Analysis of Political Life, New York / London / Sydney

EASTON, David, 1965b: A Framework for political analysis, Englewood Cliffs

EASTON, David, 1975: A Re-Assessement of the Concept of Political Support, In: British Journal of Political Science 5, S. 435 - 457

ELLWEIN, Thomas / HESSE, Joachim Jens, 1987: Das Regierungssystem der Bundesrepublik Deutschland, Opladen, 6. Auflage

FEIST, Ursula, 1991: Zur politischen Akkulturation der vereinten Deutschen. Eine Analyse aus Anlaß der ersten gesamtdeutschen Bundestagswahl, In: Aus Politik und Zeitgeschichte B11/91, S. 21 - 32

FEIST, Ursula, 1992: Niedrige Wahlbeteiligung - Normalisierung oder Krisensyndrom der Demokratie in Deutschland? In: STARZACHER, Karl u.a. (Hg.): Protestwähler und Wahlverweigerer, Köln

FELDMAN, Stanley, 1983: The Measurement and Meaning of Trust in Government, In: Political Methodology 9, S. 341 - 355

FINIFTER, Ada W., 1970: Dimensions of Political Alienation, In: American Political Science Review 64, S. 389 - 410

FRANKE, Siegfried F., 1990: Einführung in das Staats- und Verfassungsrecht der Bundesrepublik Deutschland, Heidelberg

FUCHS, Dieter / GUIDOROSSI, Giovanni / SVENSSON, Palle, 1995: Support for the democratic system, In: KLINGEMANN, Hans-Dieter / FUCHS, Dieter (Hg.): Citizen and the State. Belief in government, Bd. 1, Oxford, S. 323 - 353

FUCHS, Dieter / KLINGEMANN, Hans-Dieter / SCHÖBEL, Carolin, 1991: Perspektiven der politischen Kultur im vereinten Deutschland. Eine empirische Studie, In: Aus Politik und Zeitgeschichte B32/91, S. 35 - 46

FUCHS, Dieter / ROLLER, Edeltraud / WESSELS, Bernhard, 1997: Die Akzeptanz der Demokratie des vereinigten Deutschland. Oder: Wann ist ein Unterschied ein Unterschied?, In: Aus Politik und Zeitgeschichte, B51/97, S. 3 - 12

FUCHS, Dieter, 1981: Dimensionen politischer Unterstützung, In: KLINGEMANN, Hans-Dieter / KASSE, Max (Hg.): Politische Psychologie, Politische Vierteljahresschrift, Sonderheft 12

FUCHS, Dieter, 1989: Die Unterstützung des politischen Systems der Bundesrepublik Deutschland, Opladen

FUCHS, Dieter, 1996: Welche Demokratie wollen die Deutschen? Einstellungen zur Demokratie im vereinten Deutschland, In: GABRIEL, Oscar W. (Hg.): Politische Orientierungen und Verhaltensweisen im vereinigten Deutschland, Opladen

FUCHS, Dieter, 1997: Welche Demokratie wollen die Deutschen? Einstellungen zur Demokratie im vereinigten Deutschland, In: GABRIEL, Oscar W. (Hg.): Politische Orientierungen und Verhaltensweisen im vereinigten Deutschland, Opladen, S. 81 - 113

FUCHS, Dieter, 1998: The political culture of unified Germany, Berlin

GABRIEL, Oscar W. / BRETTSCHNEIDER, Frank, 1998: Die Bundestagswahl 1998: Ein Plebiszit gegen Kanzler Kohl?, In: Aus Politik und Zeitgeschichte B 52/98, S. 20-32

GABRIEL, Oscar W. / VETTER, Angelika, 1999: Politische Involvierung und politische Unterstützung im vereinigten Deutschland - Eine Zwischenbilanz, In: PLASSER, Fritz u.a. (Hg.): Wahlen und politische Einstellungen in Deutschland und Österreich, Frankfurt am Main u.a.

GABRIEL, Oscar W., 1986: Politische Kultur, Postmaterialismus und Materialismus in der Bundesrepublik Deutschland, Opladen

GABRIEL, Oscar W., 1989: Regierungswechsel und politische Unterstützung. Implikationen des Parteienwettbewerbs für die Struktur politischer Unterstützung in der Demokratie, In: Politische Vierteljahresschrift, Heft 1, S. 75 - 93

GABRIEL, Oscar W., 1992: Der demokratische Verfassungsstaat im Parteienkonflikt, In: GABRIEL, Oscar W. u.a. (Hg.): Der demokratische Verfassungsstaat. Theorie, Geschichte, Probleme. Festschrift für Hans Buchheim zum 70. Geburtstag, München

GABRIEL, Oscar W., 1992b: Values, Trust and Efficacy. Paper prepared for the Fith Meeting of the Subgroup "Impact of Values", European Science Foundation Scientific Program on Beliefs in Government, Colchester, Essex, April 22 - 26

GABRIEL, Oscar W., 1993: Institutionenvertrauen im vereinigten Deutschland, In: Aus Politik und Zeitgeschichte, B 43/93, S. 3 - 12

GABRIEL, Oscar W., 1994: Politische Einstellungen und politische Kultur, In: GABRIEL, Oscar W. / BRETTSCHNEIDER, Frank: Die EU-Staaten im Vergleich. Strukturen, Prozesse, Politikinhalte, Opladen, 2. Auflage

GABRIEL, Oscar W., 1994b: Politische Kultur aus der Sicht der empirischen Sozialforschung, In: NIEDERMAYER, Oskar / BEYME, Klaus von (Hg.): Politische Kultur in Ost- und Westdeutschland, Opladen

GABRIEL, Oscar W., 1995: Immer mehr Gemeinsamkeiten? Politische Kultur im vereinigten Deutschland, In: ALTENHOF, Ralf / JESSE, Eckhard (Hg.): Das wiedervereinigte Deutschland. Zwischenbilanz und Perspektiven, München

GABRIEL, Oscar W., 1995: Political Efficacy and Trust, In: DETH, Jan W. van / SCARBROUGH, Elinor (Hg.): The Impact of Values. Beliefs in Government, Bd. 4, Oxford, S. 357 - 389

GABRIEL, Oscar W., 1996: Distrust, Involvement, and Political Protest in Western Democracies, In: HALMAN, Loek / NEVITTE, Neil (Hg.): Political Value Change in Western Democracies. Integration, Values, Identification, and Participation, Tilburg, S. 192 - 219

GABRIEL, Oscar W., 1996a: Politische Orientierungen und Verhaltensweisen, In: KAASE, Max u.a. (Hg.): Politisches System, Opladen

GABRIEL, Oscar W., 1997: Politische Orientierungen und Verhaltensweisen im Transitionsprozeß, In: GABRIEL, Oscar W. (Hg.): Politische Orientierungen und Verhaltensweisen im vereinigten Deutschland, Opladen, S. 9 - 34

GABRIEL, Oscar W., 1999a: Sozialkapital und Institutionenvertrauen in Österreich und Deutschland, In: PLASSER, Fritz u.a. (Hg.): Wahlen und politische Einstellungen in Deutschland und Österreich, Frankfurt am Main u.a.

GABRIEL, Oscar W., 1999b: Demokratie in der Vereinigungskrise? Einstellungen zur Demokratie im vereinten Deutschland, In: Zeitschrift für Politikwissenschaft, 3/99, S. 827 - 861

GAMSON, William A., 1968: Power and Discontent, Homewood

GAMSON, William A., 1971: Political Trust and its Ramification, In: ABCARIAN, Gilbert / SOULE, John (Hg.): Social Psychology and Political Behaviour, Columbus / Ohio

GENSICKE, Thomas / KLAGES, Helmut, 1998: Bürgerschaftliches Engagement, In: MEULEMANN, Heiner (Hg.): Werte und nationale Identität im vereinten Deutschland. Erklärungsansätze der Umfrageforschung, Opladen

GLUCHOWSKI, Peter Michael / ZELLE, Carsten, 1992: Demokratisierung in Ostdeutschland. Aspekte der politischen Kultur in der Periode des Systemwechsels, In: GERLICH, Pater / PLASSER, Fritz / ULRAM, Peter A. (Hg.): Regimewechsel. Demokratisierung und politische Kultur in Ost-Mitteleuropa, Wien / Köln / Graz / Böhlau

GRÄF, Lorenz / JAGODZINSKI, Wolfgang, 1998: Wer vertraut welcher Institution: Sozialstrukturell und politisch bedingte Unterschiede im Institutionenvertrauen, In: BRAUN, Michael / MOHLER, Peter Ph. (Hg.): Blickpunkt Gesellschaft 4. Soziale Ungleichheit in Deutschland, Opladen

GREIFFENHAGEN, Martin / GREIFFENHAGEN, Sylvia, 1993: Ein schwieriges Vaterland. Zur politischen Kultur im vereinigten Deutschland, München

GREIFFENHAGEN, Martin, 1998: Politische Legitimität in Deutschland, Bonn

HAUNGS, Peter (Hg.),1990: Politik ohne Vertrauen?, Baden-Baden

HETHERINGTON, Marc J., 1998: The Political Relevance of Political Trust, In: American Political Science Review 92/4, S. 791 - 808

HIBBING, John R. / PATTERSON, Samuel C., 1994: Public Trust in the New Parliaments of Europe, In: Political Studies, 4/1994, S. 570 - 592

HIBBING, John R. / THEISS-MORSE, Elisabeth, 1995: Congress as Public Enemy: Public Attitudes Toward American Political Institutions, New York

HIBBING, John R. / THEISS-MORSE, Elisabeth,1997: Public Opinion and Congressional Power, In: NORRANDER, Barbara / WILCOX, Clyde: Understanding Public Opinion, Washington

HILL, David B., 1981: Attitude generalization and the measurement of trust in American leadership, In: Political Behaviour 3, S. 257 - 270

HILL, Kim Quaile, 1982: Retest Reliability for Trust in Government and Governmental Responsiveness Measures: A Research Note, In: Political Methodology 8, S. 33 - 46

HOFFMANN-LANGE, Ursula / KREBS, Dagmar / de RIJKE, Johann, 1995: Kognitive politische Mobilisierung und politisches Vertrauen, In: HOFFMANN-LANGE, Ursula (Hg.): Jugend und Demokratie in Deutschland. DJI-Jugendsurvey 1, Opladen

HOLST, Christian, 1991: Ein Jahr Umfragen in den Neuen Bundesländern - Themen und Tendenzen. WZB-Papewr - Arbeitsgruppe Sozialberichterstattung, Berlin

HOLTZ-BACHA, Christina, 1989: Verleidet uns das Fernsehen die Politik? Auf den Spuren der "Videomalaise", In: KAASE, Max / SCHULZ, Winfried (Hg.): Massenkommunikation. Theorien, Methoden, Befunde, Opladen, 239 - 252

INGLEHART, Ronald, 1997: Postmaterialist Values and the Erosion of Institutional Authority, In: NYE, Joseph S. / ZELIKOW, Philip D. / KING, David (Hg.): Why People don´t Trust Government, Cambridge / London, 217 - 236

ISMAYR, Wolfgang, 1992: Der Deutsche Bundestag. Funktionen, Willensbildung, Reformansätze, Opladen

ISMAYR, Wolfgang, 1999: 50 Jahre Parlamentarismus in der Bundesrepublik Deutschland, In. aus Politik und Zeitgeschichte B20/99, S. 14 - 26

JÄCKEL, Hartmut, 1990: Über das Vertrauen in der Politik. Nicht an Personen, sondern an Institutionen entscheidet sich das Wahl der Bürger, In: HAUNGS, Peter (Hg.): Politik ohne Vertrauen?, Baden-Baden

JESSE, Eckhard, 1994: Zwei verschiedene politische Kulturen in Deutschland?, In: JÄCKEL, Hartmut (Hg.): Die neue Bundesrepublik, Baden-Baden

JUNG, Matthias / ROTH, Dieter, 1998: Wer zu spät geht, den bestraft der Wähler. Eine Analyse der Bundestagswahl 1998, In: Aus Politik und Zeitgeschichte B52/98, S. 3 - 18

KAASE, Max / NEWTON, Kenneth, 1995: Beliefs in Government, Bd. 5, Oxford, S. 17 - 64

KAASE, Max, 1988: Political Alientation and Protest, In: DOGAN, Mattei (Hg.): Comparing Pluralist Democracies. Strains on Legitimacy, Boulder / London

KAASE, Max, 1993: Innere Einheit, In: WEIDENFELD, Werner / KORTE, Karl-Rudolf (Hg.): Handbuch zur deutschen Einheit, Bonn

KATZ, Alfred, 1994: Staatsrecht. Grundkurs im öffentlichen Recht, Heidelberg, 12. Auflage

KIMBALL, David C. / PATTERSON, Samuel C., 1997: Living Up to Expectations: Public Attitudes Toward Congress, In: The Journal of Politics, 59/3, S. 701 - 728

KING, David, 1997: The Polarization of American Parties and Mistrust of Government, In: NYE, Joseph S. / ZELIKOW, Philip D. / KING, David (Hg.): Why People don´t Trust Government, Cambridge / London, 155 - 178

KIRCHHOF, Paul / SCHMIDT-ASSMANN, Eberhard (Hg.), 1993: Staats- und Verwaltungsrecht. Bundesrepublik Deutschland, Heidelberg, 17. Auflage

KLAGES, Helmut, 1990: Vertrauen und Vertrauensverlust in westlichen Demokratien, In: HAUNGS, Peter (Hg.): Politik ohne Vertrauen?, Baden-Baden

KLATT, Hartmut, 1990: The Bundestag and the Federal System, In: THAYSEN, Uwe u.a. (Hg.): The U.S. Congress and the German Bundestag. Comparison of democratic processes, Boulder u.a.

KLESSMANN, Christoph, 1988: Zwei Staaten, eine Nation. Deutsche Geschichte 1955 - 1970, Bonn

KÖCHER, Renate, 1999: Hat Deutschland eine gefestigte Demokratie? Über die gesellschaftliche Haltung zu Politik und politischen Institutionen, In: Das Parlament, 16/1999, S. 14

KRÜGER, Winfried, 1992: Vertrauen in Institutionen, In: Deutsches Jugendinstitut (Hg.): Schüler an der Schwelle zur Deutschen Einheit, Opladen

KRÜGER, Winfried, 1995: Vertrauen in Institutionen, In: HOFFMANN-LANGE, Ursula (Hg.): Jugend und Demokratie in Deutschland. DJI-Jugendsurvey 1, Opladen

KUECHLER, Manfred, 1998: Vereint und doch getrennt?, In: MEULEMANN, Heiner (Hg.): Werte und nationale Identität im vereinten Deutschland. Erklärungsansätze der Umfrageforschung, Opladen

LANE, Jan-Erik / ERSSON, Svante O., 1987: Politics and Society in Western Europe, London

LIJPHART, Arend, 1994: Democracies: Forms, Performance and Constitutional Engineering, In: European Journal of Political Research 25, S. 1 - 17

LIPSET, Seymour M. / SCHNEIDER, William, 1983: The Confidence Gap, New York

LIPSET, Seymour Martin, 1969: Some Social Requisites of Democracy: Economic Developement and Political Legitimacy, In: CNUDDE, Charles F. / NEUBAUER, Deane E. (Hg.): Empirical Democratic Theory, Chicago

LISTHAUG, Ola / WIBERG, Matti, 1995: Confidence in Political and Private Institutions, In: KLINGEMANN, Hans-Dieter / FUCHS, Dieter (Hg.): Citizen and the State. Belief in government, Bd. 1, Oxford, S: 298 - 322

LISTHAUG, Ola, 1995: The Dynamics of Trust in Politicians, In: KLINGEMANN, Hans-Dieter / FUCHS, Dieter (Hg.): Citizen and the State. Belief in government, Bd. 1, Oxford, S. 261 - 297

LOCKERBIE, Brad, 1993: Economic Dissatisfaction and Political Alienation in Western Europe, In: European Journal of Politicial Research 23, S. 281 - 293

LOEWENBERG, Gerhard / PATTERSON, Samuel Charles, 1979: Comparing Legislatures, Lanham

LOEWENBERG, Gerhard, 1969: Parlamentarismus im politischen System der Bundesrepublik Deutschland, Tübingen

LÖWENHAUPT, Stefan, 1993: Vertrauen in Institutionen und Einstellungen der Bürger zur Verwaltung, In: DERLIEN, Hans-Ulrich (Hg.): Verwaltungswissenschaftliche Beiträge der Universität Bamberg 29, Bamberg

MANDT, Hella, 1989: Legitimität, In: NOHLEN, Dieter (Hg.): Pipers Wörterbuch zur Politik - Politikwissenschaft, Bd. 1, 3. Auflage, S. 503 - 509

MANSBRIDGE, Jane, 1997: Social and Cultural Cause of Dissatisfaction with U.S. Government, In: NYE, Joseph S. / ZELIKOW, Philip D. / KING, David (Hg.): Why Prople don't Trust Government, Cambridge / London, S. 133 - 154

MILLER, Arthur H., 1979: The Institutional Focus of Political Distrust, Paper presensted at the 1979 Annual Meeting of The American Political Science Association, Washington

MILLER, Arthur H. / LISTHAUG, Ola, 1990: Political Parties and Confidence in Government. A Comparison of Norway, Sweden and der United States, In: British Journal of Political Science 20, S. 357 - 386

MILLER, Arthur, 1974a: Political Issues and Trust in Government, In: American Political Science Review 68, S. 951 - 972

MILLER, Arthur, 1974b: Rejoinder to "Comment" by Jack Citrin: Political Discontent or Ritualism?, In: American Political Science Review 68, S. 989 - 1001

MULLER, Edward N. / JUKAM, Thomas O., 1977: On the Meaning of Political Support, In: American Political Science Review 71, S. 1561 - 1595

MULLER, Edward N. / SELIGSON, Mitchell A., 1994: Civic Culture and Democracy: The Question of Causal Relationships, In: American Political Science Review 88, S. 635 - 652

MULLER, Edward N. / WILLIAMS, Carol J., 1980: Dynamics of Political Support - Alienation, In: Comparative Political Studies 13, S. 33 - 59

MULLER, Edward N., 1970: The Representation of Citizens by Political Authorities: Consequences for Regime Support, In: American Political Science Review 64, S 1149 - 1166

MULLER, Edward N., 1977: Behavioral Correlates of Political Support, In: American Political Science Review 71, S. 454 - 467

NIEDERMAYER, Oskar, 1996: Das intermediäre System, In: KAASE, Max u.a. (Hg.): Politisches System, Opladen

NYE, Joseph S. Jr., 1997: Introduction: The Decline of Confidence in Government, In: NYE, Joseph S. Jr / ZELIKOW, Philip D. / KING, David C. (Hg.): Why People don't trust Government, Cambridge / London

OBERREUTER, Heinrich, 1992: Das Parlament als Gesetzgeber und Repräsentationsorgan, In: GABRIEL, Oscar W. (Hg.): Die EU-Staaten im Vergleich. Strukturen, Prozesse, Politikinhalte, Opladen, 2. Auflage

PARRY, Geraint, 1976: Trust, Distrust, and Consensus, In: British Journal of Political Science 6, S. 129 - 142

PATZELT, Werner, 1997: Der Bundestag, In: GABRIEL, Oscar W. / HOLTMANN, Everhard (Hg.): Handbuch politisches System der Bundesrepublik Deutschland, München / Wien

PATZELT, Werner, 1998: Ein latenter Verfassungskonflikt? Die Deutschen und ihr parlamentarisches Regierungssystem, In: PVS, 4/1998, S. 725 - 757

PICKEL, Gert / WALZ, Dieter, 1995: Politisches Institutionenvertrauen in der Bundesrepublik Deutschland in zeitlicher Perspektive, In: Journal für Sozialforschung, Heft 2, S. 145 - 155

PICKEL,Gert / WALZ, Dieter, 1997: Politikverdrossenheit in Ost- und Westdeutschland: Dimensionen und Ausprägungen, In: Politische Vierteljahresschrift, Heft 1, S. 27 - 49

PLASSER, Fritz / ULRAM, Peter A., 1994: Politische Systemunterstützung und Institutionenvertrauen in den OZE-Staaten, In: Österreichische Zeitschrift für Politikwissenschaft, 23/4, S. 365 - 379

RATTINGER, Hans / MAIER, Jürgen, 1998: Der Einfluß der Wirtschaftslage auf die Wahlentscheidung bei den Bundestagswahlen 1994 und 1998, In: Aus Politik und Zeitgeschichte B52/98, S. 45-54

RATTINGER, Hans, 1993: Abkehr von den Parteien? Dimensionen der Parteiverdrossenheit, In: Aus Politik und Zeitgeschichte B11/93, S. 24 - 35

RIPLEY, Randall B., 1990: Congress and the Individual States: Centralized Balancing of Interests, In: THAYSEN, Uwe u.a. (Hg.): The U.S. Congress and the German Bundestag. Comparison of democratic processes, Boulder u.a.

ROSAR, Ulrich, 1998: Policy-Orientierung und Systemunterstützung 1991 - 1995, In: MEULEMANN, Heiner (Hg.): Werte und nationale Identität im vereinten Deutschland. Erklärungsansätze der Umfrageforschung, Opladen

RUDZIO, Wolfgang, 1991: Das politische System der Bundesrepublik Deutschland. Eine Einführung, Opladen, 3. Auflage

SCHICK, Rupert / ZEH, Wolfgang, 1995: So arbeitet der Deutsche Bundestag. Organisation und Arbeitsweise. Die Gesetzgebung des Bundes, Rheinbreitbach, 8. Auflage

SCHNELL, Reiner / HILL, Paul B., ESSER, Elke, 1993: Methoden der empirischen Sozialforschung, München / Wien, 4. Auflage

SCHÜTTEMEYER, Suzanne S., 1984: Bundestag und Bürger im Spiegel der Demoskopie. Eine Sekundäranalyse zur Parlamentarismusperzeption in der Bundesrepublik, Opladen

SNIDERMAN, Paul M., 1981: A Question of Loyality, Berkley

SOWAIDNIG, Ina, 1997: Politische Unterstützung der Demokratie in Deutschland und Italien. Eine empirische Analyse zum Einfluß der traditionellen politischen Teilkulturen 1959 bis 1992, Frankfurt am Main u.a.

STÖSS, Richard, 1990: Parteikritik und Parteiverdrossenheit, In: Aus Politik und Zeitgeschichte B21/90, S. 15 - 21

THAYSEN, Uwe (Hg.), 1988: Amerikanischer Kongreß - Deutscher Bundestag, Opladen

THAYSEN, Uwe / DAVIDSON, Roger H., 1990: Problems of Legislative Comparisons, In: THAYSEN, Uwe u.a. (Hg.): The U.S. Congress and the German Bundestag. Comparison of democratic processes, Boulder u.a.

THAYSEN, Uwe, 1990: Representation in the Federal Republic of Germany, In: THAYSEN, Uwe u.a. (Hg.): The U.S. Congress and the German Bundestag. Comparison of democratic processes, Boulder u.a.

THOMASSEN, Jacques, 1995: Support for Democratic Values, In: KLINGEMANN, Hans-Dieter / FUCHS, Dieter (Hg.): Citizen and the State. Belief in government, Bd. 1, Oxford

VETTER, Angelika, 1997: Political Efficacy - Reliabilität und Validität: alte und neue Meßmodelle im Vergleich, Wiesbaden

WAHLKE, John, 1971: Policy Demands and System Support: The Role of the Represented, In: British Journal of Political Science 1, S. 271 - 290

WALZ, Dieter, 1996: Vertrauen in Institutionen in der Bundesrepublik Deutschland. Eine Sekundäranalyse über Ausmaß, Struktur und Entwicklung des Vertrauens in politische Institutionen im vereinigten Deutschland, Diss., Stuttgart

WALZ, Dieter, 1997: Einstellungen zu den politischen Institutionen, In: GABRIEL, Oscar W. (Hg.): Politische Orientierungen und Verhaltensweisen im vereinigten Deutschland, Opladen

WASCHKUHN, Arno, 1984: Partizipation und Vertrauen. Grundlagen von Demokratie und politischer Partizipation, Opladen

WEATHERFORD, M. Stephen, 1992: Measuring Political Legitimacy, American Political Science Review 86, S. 149 - 166

WEIDENFELD, Werner / KORTE, Karl-Rudolf, 1991: Die Deutschen. Profil einer Nation, Stuttgart

WESTLE, Bettina, 1989: Politische Legitimität - Theorien, Konzepte, empirische Befunde, Baden-Baden

WESTLE, Bettina, 1992: Strukturen nationaler Identität in Ost- und Westdeutschland, In: Kölner Zeitschrift für Soziologie und Sozialpsychologie Nr. 44/1992, S. 461-488

WRIGHT, James D., 1981: Political Disaffection, In: LONG, Samuel L. (Hg.): The Handbook of Political Behaviour 4, New York / London

9 Anhang

Verzeichnis der Tabellen

Tabelle A 1: Vertrauen in den Deutschen Bundestag, West- und Ostdeutschland

DFG 1998, West und Ost, Vor- und Nachwahl: „Ich lesen Ihnen jetzt eine Reihe von öffentlichen Einrichtungen vor. Sagen Sie mir bitte anhand dieser Liste bei jeder, ob Sie ihr vertrauen oder nicht. Nennen Sie jeweils eine Skalenwert."

Antwortvorgaben: (1) vertraue ich überhaupt nicht, (2) vertraue ich eher, (3) vertraue ich teilweise, (4) vertraue ich weitgehend, (5) vertraue ich voll und ganz

			West-Ost-Split		
			West	Ost	Gesamt
Vertrauen: Bundestag	vertraue überhaupt nicht	Anzahl	93	90	183
		% von West-Ost-Split	4,2%	8,1%	5,5%
	vertraue eher nicht	Anzahl	232	194	426
		% von West-Ost-Split	10,4%	17,5%	12,8%
	vertraue teilweise	Anzahl	750	360	1110
		% von West-Ost-Split	33,6%	32,5%	33,3%
	vertraue weitgehend	Anzahl	896	358	1254
		% von West-Ost-Split	40,2%	32,3%	37,6%
	vertraue voll und ganz	Anzahl	184	66	250
		% von West-Ost-Split	8,3%	6,0%	7,5%
	weiß nicht	Anzahl	64	33	97
		% von West-Ost-Split	2,9%	3,0%	2,9%
	verweigert	Anzahl	11	6	17
		% von West-Ost-Split	,5%	,5%	,5%
Gesamt		Anzahl	2230	1107	3337
		% von West-Ost-Split	100,0%	100,0%	100,0%

Anm.: Die Werte „weiß nicht" und „verweigert" wurden in der Analyse als *missing-value* codiert

Quelle: DFG 1998, West und Ost, Vor- und Nachwahl; eigene Berechnung mit SPSS für Windows 8.0

Tabelle A 2: Vertrauen in den Deutschen Bundestag, West- und Ostdeutschland, Vorwahl

DFG 1998, West und Ost, Vorwahl: „Ich lesen Ihnen jetzt eine Reihe von öffentlichen Einrichtungen vor. Sagen Sie mir bitte anhand dieser Liste bei jeder, ob Sie ihr vertrauen oder nicht. Nennen Sie jeweils eine Skalenwert."

Antwortvorgaben: (1) vertraue ich überhaupt nicht, (2) vertraue ich eher, (3) vertraue ich teilweise, (4) vertraue ich weitgehend, (5) vertraue ich voll und ganz

| | | | West-Ost-Split | | |
			West	Ost	Gesamt
Vertrauen: Bundestag	vertraue überhaupt nicht	Anzahl	60	56	116
		% von West-Ost-Split	5,4%	10,6%	7,1%
	vertraue eher nicht	Anzahl	119	110	229
		% von West-Ost-Split	10,8%	20,9%	14,0%
	vertraue teilweise	Anzahl	383	169	552
		% von West-Ost-Split	34,6%	32,1%	33,8%
	vertraue weitgehend	Anzahl	414	155	569
		% von West-Ost-Split	37,4%	29,4%	34,8%
	vertraue voll und ganz	Anzahl	93	24	117
		% von West-Ost-Split	8,4%	4,6%	7,2%
	weiß nicht	Anzahl	31	11	42
		% von West-Ost-Split	2,8%	2,1%	2,6%
	verweigert	Anzahl	6	2	8
		% von West-Ost-Split	,5%	,4%	,5%
Gesamt		Anzahl	1106	527	1633
		% von West-Ost-Split	100,0%	100,0%	100,0%

Anm.: Die Werte „weiß nicht" und „verweigert" wurden in der Analyse als *missing-value* codiert

Quelle: DFG 1998, West und Ost, Vorwahl; eigene Berechnung mit SPSS für Windows 8.0

Tabelle A 3: Vertrauen in den Deutschen Bundestag, West- und Ostdeutschland, Nachwahl

DFG 1998, West und Ost, Nachwahl: „Ich lesen Ihnen jetzt eine Reihe von öffentlichen Einrichtungen vor. Sagen Sie mir bitte anhand dieser Liste bei jeder, ob Sie ihr vertrauen oder nicht. Nennen Sie jeweils eine Skalenwert."

Antwortvorgaben: (1) vertraue ich überhaupt nicht, (2) vertraue ich eher, (3) vertraue ich teilweise, (4) vertraue ich weitgehend, (5) vertraue ich voll und ganz

			West-Ost-Split		
			West	Ost	Gesamt
Vertrauen: Bundestag	vertraue überhaupt nicht	Anzahl	33	34	67
		% von West-Ost-Split	2,9%	5,9%	3,9%
	vertraue eher nicht	Anzahl	113	84	197
		% von West-Ost-Split	10,1%	14,5%	11,6%
	vertraue teilweise	Anzahl	367	191	558
		% von West-Ost-Split	32,7%	32,9%	32,7%
	vertraue weitgehend	Anzahl	482	203	685
		% von West-Ost-Split	42,9%	35,0%	40,2%
	vertraue voll und ganz	Anzahl	91	42	133
		% von West-Ost-Split	8,1%	7,2%	7,8%
	weiß nicht	Anzahl	33	22	55
		% von West-Ost-Split	2,9%	3,8%	3,2%
	verweigert	Anzahl	5	4	9
		% von West-Ost-Split	,4%	,7%	,5%
Gesamt		Anzahl	1124	580	1704
		% von West-Ost-Split	100,0%	100,0%	100,0%

Anm.: Die Werte „weiß nicht" und „verweigert" wurden in der Analyse als *missing-value* codiert

Quelle: DFG 1998, West und Ost, Nachwahl; eigene Berechnung mit SPSS für Windows 8.0

Tabelle A 4: Geschlecht

DFG 1998, West und Ost, Vor- und Nachwahl; Der Fragewortlaut entfällt, da das Geschlecht vom Interviewer eingetragen wurde.

| | | | West-Ost-Split | | |
			West	Ost	Gesamt
Geschlecht	männlich	Anzahl	1051	524	1575
		% von West-Ost-Split	47,1%	47,3%	47,2%
	weiblich	Anzahl	1179	583	1762
		% von West-Ost-Split	52,9%	52,7%	52,8%
Gesamt		Anzahl	2230	1107	3337
		% von West-Ost-Split	100,0%	100,0%	100,0%

Quelle: DFG 1998, West und Ost, Vor- und Nachwahl; eigene Berechnung mit SPSS für Windows 8.0

Tabelle A 5: Alter

DFG 1998, West und Ost, Vor- und Nachwahl: „Würden Sie mir bitte sagen, in welchem Monat und in welchem Jahr Sie geboren sind"

			West-Ost-Split		Gesamt
			West	Ost	
Alter der Befragten	bis 18 Jahre	Anzahl	34	22	56
		% von West-Ost-Split	1,5%	2,0%	1,7%
	18 - 29 Jahre	Anzahl	391	166	557
		% von West-Ost-Split	17,5%	15,0%	16,7%
	30 - 39 Jahre	Anzahl	463	205	668
		% von West-Ost-Split	20,8%	18,5%	20,0%
	40 - 49 Jahre	Anzahl	387	177	564
		% von West-Ost-Split	17,4%	16,0%	16,9%
	50 - 59 Jahre	Anzahl	354	177	531
		% von West-Ost-Split	15,9%	16,0%	15,9%
	60 Jahre und älter	Anzahl	601	360	961
		% von West-Ost-Split	27,0%	32,5%	28,8%
Gesamt		Anzahl	2230	1107	3337
		% von West-Ost-Split	100,0%	100,0%	100,0%

Quelle: DFG 1998, West und Ost, Vor- und Nachwahl; eigene Berechnung mit SPSS für Windows 8.0

Tabelle A 6: Konfessionszugehörigkeit

DFG 1998, West und Ost, Vor- und Nachwahl: „Welcher Konfession oder Glaubensgemeinschaft gehören Sie an oder haben Sie angehört?"

Antwortvorgaben: (1) der evangelischen Kirche, (2) der katholischen Kirche, (3) anderer Glaubensgemeinschaft, (4) aus der evangelischen Kirche ausgetreten, (5) aus der katholischen Kirche ausgetreten, (6) nie Mitglied einer Kirche / Glaubensgemeinschaft gewesen

			West-Ost-Split		
			West	Ost	Gesamt
Konfession	evangelisch	Anzahl	935	299	1234
		% von West-Ost-Split	41,9%	27,0%	37,0%
	katholisch	Anzahl	900	39	939
		% von West-Ost-Split	40,4%	3,5%	28,1%
	andere Religion	Anzahl	39	16	55
		% von West-Ost-Split	1,7%	1,4%	1,6%
	evang.ausgetret.	Anzahl	154	114	268
		% von West-Ost-Split	6,9%	10,3%	8,0%
	kathol.ausgetret.	Anzahl	77	16	93
		% von West-Ost-Split	3,5%	1,4%	2,8%
	nie Mitglied	Anzahl	95	604	699
		% von West-Ost-Split	4,3%	54,6%	20,9%
	weiß nicht	Anzahl	3	6	9
		% von West-Ost-Split	,1%	,5%	,3%
	verweigert	Anzahl	27	13	40
		% von West-Ost-Split	1,2%	1,2%	1,2%
Gesamt		Anzahl	2230	1107	3337
		% von West-Ost-Split	100,0%	100,0%	100,0%

Anm.: Die Werte „weiß nicht" und „verweigert" wurden in der Analyse als *missing-value* codiert

Quelle: DFG 1998, West und Ost, Vor- und Nachwahl; eigene Berechnung mit SPSS für Windows 8.0

Tabelle A 7: Kirchgangshäufigkeit

DFG 1998, West und Ost, Vor- und Nachwahl: „Wie oft gehen Sie im allgemeinen zur Kirche?"

Antwortvorgaben: (1) mehrmals in der Woche, (2) einmal in der Woche, (3) mindestens einmal im Monat, (4) mehrmals im Jahr, (5) einmal im Jahr, (6) seltener als einmal im Jahr, (7) nie

			West	Ost	Gesamt
			West-Ost-Split		
Kirchgangshäufigkeit	mehrmals wöch.	Anzahl	34	6	40
		% von West-Ost-Split	1,5%	,5%	1,2%
	einmal wöch.	Anzahl	205	26	231
		% von West-Ost-Split	9,2%	2,3%	6,9%
	einmal monatl.	Anzahl	254	37	291
		% von West-Ost-Split	11,4%	3,3%	8,7%
	mehrmals jährl.	Anzahl	569	121	690
		% von West-Ost-Split	25,5%	10,9%	20,7%
	einmal jährl.	Anzahl	310	107	417
		% von West-Ost-Split	13,9%	9,7%	12,5%
	seltener	Anzahl	336	106	442
		% von West-Ost-Split	15,1%	9,6%	13,2%
	nie	Anzahl	495	695	1190
		% von West-Ost-Split	22,2%	62,8%	35,7%
	weiß nicht	Anzahl	4	3	7
		% von West-Ost-Split	,2%	,3%	,2%
	verweigert	Anzahl	23	6	29
		% von West-Ost-Split	1,0%	,5%	,9%
Gesamt		Anzahl	2230	1107	3337
		% von West-Ost-Split	100,0%	100,0%	100,0%

Anm.: Die Werte „weiß nicht" und „verweigert" wurden in der Analyse als *missing-value* codiert

Quelle: DFG 1998, West und Ost, Nachwahl; eigene Berechnung mit SPSS für Windows 8.0

Tabelle A 8: Bildung, Schulabschluß

DFG 1998, West und Ost, Vor- und Nachwahl: „Welchen allgemeinbildenden Schulabschluß haben Sie?"

Antwortvorgaben: (1) bin noch Schüler(in), (2) Schule beendet ohne Abschluß, (3) Volks-/Hauptschulabschluß bzw. Polytechnische Oberschule mit Abschluß 8. oder 9. Klasse, (4) Mittlere Reife, Realschulabschluß bzw. Polytechnische Oberschule mit Abschluß 10. Klasse, (5) Abitur, EOS – Erweiterte Oberschule mit Abschluß 12. Klasse, Fachhochschulreife, (6) abgeschlossenes Studium an Hoch- oder Fachhochschule, Universität, Akademie, Polytechnikum

			West-Ost-Split		
			West	Ost	Gesamt
Schulabschluß	Schüler	Anzahl	58	18	76
		% von West-Ost-Split	2,6%	1,6%	2,3%
	ohne Abschluß	Anzahl	39	12	51
		% von West-Ost-Split	1,7%	1,1%	1,5%
	Volks,HS,POS 8/9	Anzahl	1001	400	1401
		% von West-Ost-Split	44,9%	36,1%	42,0%
	RealS,POS 10	Anzahl	589	456	1045
		% von West-Ost-Split	26,4%	41,2%	31,3%
	Abitur, FHSReife	Anzahl	265	76	341
		% von West-Ost-Split	11,9%	6,9%	10,2%
	HS,FHS Abschluß	Anzahl	276	145	421
		% von West-Ost-Split	12,4%	13,1%	12,6%
	verweigert	Anzahl	2		2
		% von West-Ost-Split	,1%		,1%
Gesamt		Anzahl	2230	1107	3337
		% von West-Ost-Split	100,0%	100,0%	100,0%

Anm.: Der Wert „verweigert" wurde in der Analyse als *missing-value* codiert

Quelle: DFG 1998, West und Ost, Vor- und Nachwahl; eigene Berechnung mit SPSS für Windows 8.0

Tabelle A 9: Erwerbstätigkeit

DFG 1998, West und Ost, Vor- und Nachwahl: „Sind Sie gegenwärtig vollzeit- oder teilzeiterwerbstätig?"

Antwortvorgaben: (1) vollzeit-erwerbstätig, (2) teilzeit-erwerbstätig, (3) in beruflicher Ausbildung/Lehre, (4) stundenweise erwerbstätig, (5) z.Zt. arbeitslos, (6) z.Zt. in Kurzarbeit, Nullarbeit, (7) in einer Umschulungs- bzw. einer vom Arbeitsamt finanzierten Bildungsmaßnahme, (8) in Mutterschafts-, Erziehungsurlaub, (9) im Vorruhestand, Ruhestand, Pension, (10) Hausfrau/Hausmann (nicht vollzeit- oder teilzeit-erwerbstätig), (11) Wehr-, Zivildienstleistender, (12) in schulischer Ausbildung, (13) in Studium auf Fachhochschule, Hochschule, Universität

			West-Ost-Split		
			West	Ost	Gesamt
Erwerbstätigkeit	vollzeit	Anzahl	825	370	1195
		% von West-Ost-Split	37,0%	33,4%	35,8%
	teilzeit	Anzahl	212	55	267
		% von West-Ost-Split	9,5%	5,0%	8,0%
	berufl.Ausbild.	Anzahl	31	21	52
		% von West-Ost-Split	1,4%	1,9%	1,6%
	stundenweise	Anzahl	25	4	29
		% von West-Ost-Split	1,1%	,4%	,9%
	arbeitslos	Anzahl	115	178	293
		% von West-Ost-Split	5,2%	16,1%	8,8%
	Kurzarbeit	Anzahl		3	3
		% von West-Ost-Split		,3%	,1%
	Umschulung	Anzahl	8	14	22
		% von West-Ost-Split	,4%	1,3%	,7%
	Mutterschaft	Anzahl	54	20	74
		% von West-Ost-Split	2,4%	1,8%	2,2%
	Hausfrau	Anzahl	277	15	292
		% von West-Ost-Split	12,4%	1,4%	8,8%
	Ruhestand	Anzahl	524	380	904
		% von West-Ost-Split	23,5%	34,3%	27,1%
	Wehr/Zivildienst	Anzahl	6	4	10
		% von West-Ost-Split	,3%	,4%	,3%
	schul.Ausbild.	Anzahl	58	18	76
		% von West-Ost-Split	2,6%	1,6%	2,3%
	Studium	Anzahl	88	24	112
		% von West-Ost-Split	3,9%	2,2%	3,4%
	verweigert	Anzahl	7	1	8
		% von West-Ost-Split	,3%	,1%	,2%
Gesamt		Anzahl	2230	1107	3337
		% von West-Ost-Split	100,0%	100,0%	100,0%

Anm.: Die Werte „vollzeit", „teilzeit", „stundenweise" und „Mutterschaft" wurden zu „erwerbstätig" zusammengefaßt, die restlichen Werte zu „nicht erwerbstätig"; der Wert verweigert" wurde in der Analyse als *missing-value* codiert

Quelle: DFG 1998, West und Ost, Vor- und Nachwahl; eigene Berechnung mit SPSS für Windows 8.0

Tabelle A 10:   Haushaltseinkommen

DFG 1998, West und Ost, Vor- und Nachwahl: „Sagen Sie mir bitte anhand dieser Liste, wie hoch das Netto-Einkommen Ihres Haushalts insgesamt ist, also die Summe aller Ein-kom-men, nach Abzug der Steuern und Abgaben für die Sozial- und Krankenversiche-rung."

Antwortvorgaben: (1) bis unter DM 1.000, (2) DM 1.000 bis unter DM 1.500, (3) DM 1.500 bis unter DM 2.000, (4) DM 2.000 bis unter DM 2.500, (5) DM 2.500 bis unter DM 3.000, (6) DM 3.000 bis unter DM 3.500, (7) DM 3.500 bis unter DM 4.000, (8) DM 4.000 bis unter DM 5.000, (9) DM 5.000 bis unter DM 6.000, (10) DM 6.000 bis unter DM 7.000, (11) DM 7.000 bis unter DM 10.000, (12) DM 10.000 und mehr

			West-Ost-Split		
			West	Ost	Gesamt
Haushaltseinkommen	< 1000 DM	Anzahl	33	27	60
		% von West-Ost-Split	1,5%	2,4%	1,8%
	1000 - < 1500 DM	Anzahl	82	77	159
		% von West-Ost-Split	3,7%	7,0%	4,8%
	1500 - < 2000 DM	Anzahl	124	111	235
		% von West-Ost-Split	5,6%	10,0%	7,0%
	2000 - < 2500 DM	Anzahl	183	144	327
		% von West-Ost-Split	8,2%	13,0%	9,8%
	2500 - < 3000 DM	Anzahl	203	149	352
		% von West-Ost-Split	9,1%	13,5%	10,5%
	3000 - < 3500 DM	Anzahl	168	133	301
		% von West-Ost-Split	7,5%	12,0%	9,0%
	3500 - < 4000 DM	Anzahl	192	115	307
		% von West-Ost-Split	8,6%	10,4%	9,2%
	4000 - < 5000 DM	Anzahl	220	86	306
		% von West-Ost-Split	9,9%	7,8%	9,2%
	5000 - < 6000 DM	Anzahl	157	47	204
		% von West-Ost-Split	7,0%	4,2%	6,1%
	6000 - < 7000 DM	Anzahl	101	14	115
		% von West-Ost-Split	4,5%	1,3%	3,4%
	7000- < 10000 DM	Anzahl	100	10	110
		% von West-Ost-Split	4,5%	,9%	3,3%
	10000 u. mehr DM	Anzahl	42	1	43
		% von West-Ost-Split	1,9%	,1%	1,3%
	weiß nicht	Anzahl	120	33	153
		% von West-Ost-Split	5,4%	3,0%	4,6%
	verweigert	Anzahl	505	160	665
		% von West-Ost-Split	22,6%	14,5%	19,9%
Gesamt		Anzahl	2230	1107	3337
		% von West-Ost-Split	100,0%	100,0%	100,0%

Anm.: Die Werte „weiß nicht" und „verweigert" wurden in der Analyse als *missing-value* codiert

Quelle: DFG 1998, West und Ost, Vor- und Nachwahl; eigene Berechnung mit SPSS für Windows 8.0

Tabelle A 11:   Subjektive Schichtzugehörigkeit

DFG 1998, West und Ost, Vor- und Nachwahl: „Es wird heute viel über die verschiedenen Bevölkerungsschichten gesprochen. Welcher dieser Schichten rechnen Sie sich selbst zu, der Arbeiterschicht, der Mittelschicht oder der Oberschicht?"

Antwortvorgaben: (1) Unterschicht, (2) Mittelschicht, (3) Oberschicht

			West-Ost-Split		
			West	Ost	Gesamt
Schichtzugehörigkeit	Arbeiterschicht	Anzahl	723	606	1329
		% von West-Ost-Split	32,4%	54,7%	39,8%
	Mittelschicht	Anzahl	1328	421	1749
		% von West-Ost-Split	59,6%	38,0%	52,4%
	Oberschicht	Anzahl	88	11	99
		% von West-Ost-Split	3,9%	1,0%	3,0%
	weiß nicht	Anzahl	52	50	102
		% von West-Ost-Split	2,3%	4,5%	3,1%
	verweigert	Anzahl	39	19	58
		% von West-Ost-Split	1,7%	1,7%	1,7%
Gesamt		Anzahl	2230	1107	3337
		% von West-Ost-Split	100,0%	100,0%	100,0%

Anm.: Die Werte „weiß nicht" und „verweigert" wurden in der Analyse als *missing-value* codiert

Quelle: DFG 1998, West und Ost, Vor- und Nachwahl; eigene Berechnung mit SPSS für Windows 8.0

Tabelle A 12:   Allgemeine wirtschaftliche Lage

DFG 1998, West und Ost, Vor- und Nachwahl: „Wie beurteilen Sie ganz allgemein die heutige wirtschaftliche Lage in den neuen / alten Bundesländern?"

Antwortvorgaben: (1) sehr gut, (2) gut, (3) teils gut / teils schlecht, (4) schlecht, (5) sehr schlecht

			West-Ost-Split		
			West	Ost	Gesamt
Wirtschaftl. Lage allgemein	sehr gut	Anzahl	27	3	30
		% von West-Ost-Split	1,2%	,3%	,9%
	gut	Anzahl	588	125	713
		% von West-Ost-Split	26,4%	11,3%	21,4%
	teils/teils	Anzahl	1091	547	1638
		% von West-Ost-Split	48,9%	49,4%	49,1%
	schlecht	Anzahl	401	359	760
		% von West-Ost-Split	18,0%	32,4%	22,8%
	sehr schlecht	Anzahl	78	70	148
		% von West-Ost-Split	3,5%	6,3%	4,4%
	weiß nicht	Anzahl	43	3	46
		% von West-Ost-Split	1,9%	,3%	1,4%
	verweigert	Anzahl	2		2
		% von West-Ost-Split	,1%		,1%
Gesamt		Anzahl	2230	1107	3337
		% von West-Ost-Split	100,0%	100,0%	100,0%

Anm.: Die Werte „weiß nicht" und „verweigert" wurden in der Analyse als *missing-value* codiert

Quelle: DFG 1998, West und Ost, Vor- und Nachwahl; eigene Berechnung mit SPSS für Windows 8.0

Tabelle A 13:   Zukünftige allgemeine wirtschaftliche Lage

DFG 1998, West und Ost, Vor- und Nachwahl: „Und wie wird es in einem Jahr sein? Erwarten Sie, daß die wirtschaftliche Lage in den alten / neuen Bundesländern im allgemeinen dann: wesentlich besser, etwas besser, gleich geblieben, etwas schlechter oder wesentlich schlechter sein wird?

Antwortvorgaben: (1) wesentlich besser, (2) etwas besser, (3) gleich geblieben, (4) etwas schlechter, (5) wesentlich schlechter

| | | | West-Ost-Split | | |
			West	Ost	Gesamt
Wirtschaftl. Lage prospektiv	wesentlich besser	Anzahl	20	4	24
		% von West-Ost-Split	,9%	,4%	,7%
	etwas besser	Anzahl	571	264	835
		% von West-Ost-Split	25,6%	23,8%	25,0%
	gleich geblieben	Anzahl	1008	591	1599
		% von West-Ost-Split	45,2%	53,4%	47,9%
	etwas schlechter	Anzahl	399	160	559
		% von West-Ost-Split	17,9%	14,5%	16,8%
	wesentlich schlechter	Anzahl	72	34	106
		% von West-Ost-Split	3,2%	3,1%	3,2%
	weiß nicht	Anzahl	156	54	210
		% von West-Ost-Split	7,0%	4,9%	6,3%
	verweigert	Anzahl	4		4
		% von West-Ost-Split	,2%		,1%
Gesamt		Anzahl	2230	1107	3337
		% von West-Ost-Split	100,0%	100,0%	100,0%

Anm.: Die Werte „weiß nicht" und „verweigert" wurden in der Analyse als *missing-value* codiert

Quelle: DFG 1998, West und Ost, Vor- und Nachwahl; eigene Berechnung mit SPSS für Windows 8.0

Tabelle A 14: **Eigene wirtschaftliche Lage**

DFG 1998, West und Ost, Vor- und Nachwahl: „Wie beurteilen Sie zur Zeit Ihre eigene wirtschaftliche Lage?"

Antwortvorgaben: (1) sehr gut, (2) gut, (3) teils gut / teils schlecht, (4) schlecht, (5) sehr schlecht

			West-Ost-Split		
			West	Ost	Gesamt
Eigene wirtschaftl. Lage gegenwärtig	sehr gut	Anzahl	87	30	117
		% von West-Ost-Split	3,9%	2,7%	3,5%
	gut	Anzahl	1065	478	1543
		% von West-Ost-Split	47,8%	43,2%	46,2%
	teils/teils	Anzahl	813	387	1200
		% von West-Ost-Split	36,5%	35,0%	36,0%
	schlecht	Anzahl	196	172	368
		% von West-Ost-Split	8,8%	15,5%	11,0%
	sehr schlecht	Anzahl	54	35	89
		% von West-Ost-Split	2,4%	3,2%	2,7%
	weiß nicht	Anzahl	9	2	11
		% von West-Ost-Split	,4%	,2%	,3%
	verweigert	Anzahl	6	3	9
		% von West-Ost-Split	,3%	,3%	,3%
Gesamt		Anzahl	2230	1107	3337
		% von West-Ost-Split	100,0%	100,0%	100,0%

Anm.: Die Werte „weiß nicht" und „verweigert" wurden in der Analyse als *missing-value* codiert

Quelle: DFG 1998, West und Ost, Vor- und Nachwahl; eigene Berechnung mit SPSS für Windows 8.0

Tabelle A 15:   Gesellschaftsordnung

DFG 1998, West und Ost, Vor- und Nachwahl: „Was halten Sie von unserer Gesellschaftsordnung? Geht es da im großen und ganzen eher gerecht zu oder geht es da im großen und ganzen eher ungerecht zu?"

Antwortvorgaben: (1) eher gerecht, (2) teils / teils, (3) eher ungerecht

			West-Ost-Split		
			West	Ost	Gesamt
Ges.ordnung gerecht oder ungerecht	eher gerecht	Anzahl	417	73	490
		% von West-Ost-Split	18,7%	6,6%	14,7%
	teils/teils	Anzahl	1179	580	1759
		% von West-Ost-Split	52,9%	52,4%	52,7%
	eher ungerecht	Anzahl	589	445	1034
		% von West-Ost-Split	26,4%	40,2%	31,0%
	weiß nicht	Anzahl	42	5	47
		% von West-Ost-Split	1,9%	,5%	1,4%
	verweigert	Anzahl	3	4	7
		% von West-Ost-Split	,1%	,4%	,2%
Gesamt		Anzahl	2230	1107	3337
		% von West-Ost-Split	100,0%	100,0%	100,0%

Anm.: Die Werte „weiß nicht" und „verweigert" wurden in der Analyse als *missing-value* codiert

Quelle: DFG 1998, West und Ost, Vor- und Nachwahl; eigene Berechnung mit SPSS für Windows 8.0

Tabelle A 16: Zugehörigkeit benachteiligte / bevorzugte Bevölkerungsgruppe

DFG 1998, West und Ost, Vor- und Nachwahl: „Unabhängig davon, wie gerecht es in einer Gesellschaft zugeht, gibt es bevorzugte und benachteiligte Menschen oder Bevölkerungsgruppen. Was meinen Sie, gehören Sie selbst zu den Menschen oder zu einer Bevölkerungsgruppe, die in unserer Gesellschaft eher benachteiligt wird, die weder benachteiligt noch bevorzugt wird, oder die eher bevorzugt wird?"

Antwortvorgaben: (1) die eher benachteiligt wird, (2) die weder benachteiligt noch bevorzugt wird, (3) die eher bevorzugt wird,

| | | | West-Ost-Split | | |
			West	Ost	Gesamt
Zugehörigk. benacht./bevorz. Bev.gruppen	eher benachteil.	Anzahl	441	302	743
		% von West-Ost-Split	19,8%	27,3%	22,3%
	weder/noch	Anzahl	1512	710	2222
		% von West-Ost-Split	67,8%	64,1%	66,6%
	eher bevorzugt	Anzahl	182	46	228
		% von West-Ost-Split	8,2%	4,2%	6,8%
	weiß nicht	Anzahl	83	40	123
		% von West-Ost-Split	3,7%	3,6%	3,7%
	verweigert	Anzahl	12	9	21
		% von West-Ost-Split	,5%	,8%	,6%
Gesamt		Anzahl	2230	1107	3337
		% von West-Ost-Split	100,0%	100,0%	100,0%

Anm.: Die Werte „weiß nicht" und „verweigert" wurden in der Analyse als *missing-value* codiert

Quelle: DFG 1998, West und Ost, Vor- und Nachwahl; eigene Berechnung mit SPSS für Windows 8.0

Tabelle A 17:   Parteineigung

DFG 1998, West und Ost, Vor- und Nachwahl: „Viele Leute neigen in der Bundesrepublik längere Zeit einer bestimmten Partei zu, obwohl sie auch ab und zu eine andere Partei wählen. Wie ist das bei Ihnen: Neigen Sie - ganz allgemein gesprochen - einer bestimmten Partei zu? Wenn ja, welcher?"

Antwortvorgaben: (1) CDU, (2) CSU, (3) SPD, (4) FDP, (5) Bündnis90/Die Grünen, (6) Republikaner, (7) PDS, (8) DVU, (9) einer anderen Partei

| | | West-Ost-Split | | |
		West	Ost	Gesamt
CDU	Anzahl	518	212	730
	% von West-Ost-Split	23,2%	19,2%	21,9%
CSU	Anzahl	116	2	118
	% von West-Ost-Split	5,2%	,2%	3,5%
SPD	Anzahl	625	227	852
	% von West-Ost-Split	28,0%	20,5%	25,5%
F.D.P.	Anzahl	51	18	69
	% von West-Ost-Split	2,3%	1,6%	2,1%
Bündnis 90/Grüne	Anzahl	181	30	211
	% von West-Ost-Split	8,1%	2,7%	6,3%
Republikaner	Anzahl	14	11	25
	% von West-Ost-Split	,6%	1,0%	,7%
PDS	Anzahl	13	129	142
	% von West-Ost-Split	,6%	11,7%	4,3%
DVU	Anzahl	9	19	28
	% von West-Ost-Split	,4%	1,7%	,8%
anderer Partei	Anzahl	10	12	22
	% von West-Ost-Split	,4%	1,1%	,7%
keiner Partei	Anzahl	556	386	942
	% von West-Ost-Split	24,9%	34,9%	28,2%
weiß nicht	Anzahl	33	19	52
	% von West-Ost-Split	1,5%	1,7%	1,6%
veweigert	Anzahl	104	42	146
	% von West-Ost-Split	4,7%	3,8%	4,4%
Gesamt	Anzahl	2230	1107	3337
	% von West-Ost-Split	100,0%	100,0%	100,0%

Anm.: Die Werte „weiß nicht" und „verweigert" wurden in der Analyse als *missing-value* codiert

Quelle: DFG 1998, West und Ost, Vor- und Nachwahl; eigene Berechnung mit SPSS für Windows 8.0

Tabelle A 18: Parteineigung, dichotomisiert nach ja / nein

DFG 1998, West und Ost, Vor- und Nachwahl: „Viele Leute neigen in der Bundesrepublik längere Zeit einer bestimmten Partei zu, obwohl sie auch ab und zu eine andere Partei wählen. Wie ist das bei Ihnen: Neigen Sie - ganz allgemein gesprochen - einer bestimmten Partei zu? Wenn ja, welcher?"

Antworten: Die Antworten CDU, CSU, SPD, FDP, Bündnis90/Die Grünen, Republikaner, PDS, DVU, andere Partei wurden zu „PID" zusammengefaßt, die Antwort „keiner Partei" zu „keine PID" umcodiert

| | | | West-Ost-Split | | |
			West	Ost	Gesamt
PID dichotomisiert	PID	Anzahl	1537	660	2197
		% von West-Ost-Split	73,4%	63,1%	70,0%
	keine PID	Anzahl	556	386	942
		% von West-Ost-Split	26,6%	36,9%	30,0%
Gesamt		Anzahl	2093	1046	3139
		% von West-Ost-Split	100,0%	100,0%	100,0%

Anm.: Die Werte „weiß nicht" und „verweigert" wurden in der Analyse als *missing-value* codiert

Quelle: DFG 1998, West und Ost, Vor- und Nachwahl; eigene Berechnung mit SPSS für Windows 8.0

Tabelle A 19: **Parteineigung, dichotomisiert Regierungs- vs. Oppositionspartei-**
en

DFG 1998, West und Ost, Vor- und Nachwahl: „Viele Leute neigen in der Bundesrepublik längere Zeit einer bestimmten Partei zu, obwohl sie auch ab und zu eine andere Partei wählen. Wie ist das bei Ihnen: Neigen Sie - ganz allgemein gesprochen - einer be-stimmten Partei zu? Wenn ja, welcher?"

Antworten: Die Antworten „CDU", „CSU" und „FDP" wurden zu „CDU/CSU, FDP" zusam-mengefaßt, „SPD" und „Bündnis90/Grüne" zu „SPD, Bü90/Grüne"; „Republikaner", „PDS", „DVU", „andere Partei" und „keine Parteineigung" zu „andere Parteien, keine PID" zusam-mengefaßt

			West-Ost-Split		
			West	Ost	Gesamt
Parteineigung Reg-Opp	CDU/CSU, FDP	Anzahl	685	232	917
		% von West-Ost-Split	30,7%	21,0%	27,5%
	SPD, Bü90/Grüne	Anzahl	806	257	1063
		% von West-Ost-Split	36,1%	23,2%	31,9%
	andere Parteien, keine PID	Anzahl	602	557	1159
		% von West-Ost-Split	27,0%	50,3%	34,7%
	weiß nicht	Anzahl	33	19	52
		% von West-Ost-Split	1,5%	1,7%	1,6%
	Antwort verweigert	Anzahl	104	42	146
		% von West-Ost-Split	4,7%	3,8%	4,4%
Gesamt		Anzahl	2230	1107	3337
		% von West-Ost-Split	100,0%	100,0%	100,0%

Anm.: Die Werte „andere Parteien, keine PID", „weiß nicht" und „verweigert" wurden in der Analyse als *missing-value* codiert

Quelle: DFG 1998, West und Ost, Vor- und Nachwahl; eigene Berechnung mit SPSS für Windows 8.0

- 149 -

Tabelle A 20: Stärke der Parteineigung

DFG 1998, West und Ost, Vor- und Nachwahl: „Wie stark oder wie schwach neigen Sie, alles zusammengenommen, dieser Partei zu?"

Antwortvorgaben: (1) sehr stark, (2) stark, (3) mittelmäßig, (4) schwach, (5) sehr schwach

| | | | West-Ost-Split | | |
			West	Ost	Gesamt
Stärke der Parteineigung	sehr stark	Anzahl	132	52	184
		% von West-Ost-Split	8,6%	7,9%	8,4%
	stark	Anzahl	550	212	762
		% von West-Ost-Split	35,8%	32,1%	34,7%
	mittelmäßig	Anzahl	723	354	1077
		% von West-Ost-Split	47,0%	53,6%	49,0%
	schwach	Anzahl	109	33	142
		% von West-Ost-Split	7,1%	5,0%	6,5%
	sehr schwach	Anzahl	11	6	17
		% von West-Ost-Split	,7%	,9%	,8%
	weiß nicht	Anzahl	9	2	11
		% von West-Ost-Split	,6%	,3%	,5%
	verweigert	Anzahl	3	1	4
		% von West-Ost-Split	,2%	,2%	,2%
Gesamt		Anzahl	1537	660	2197
		% von West-Ost-Split	100,0%	100,0%	100,0%

Anm.: Die Werte „weiß nicht" und „verweigert" wurden in der Analyse als *missing-value* codiert

Quelle: DFG 1998, West und Ost, Vor- und Nachwahl; eigene Berechnung mit SPSS für Windows 8.0

Tabelle A 21: **Links-Rechts-Selbsteinstufung**

DFG 1998, West und Ost, Vor- und Nachwahl: „In der Politik reden die Leute häufig von „Links" und „Rechts". Wenn Sie diese Skala von 1 bis 11 benutzen, wo würden Sie sich selbst einordnen, wenn 1 links und 11 rechts ist?"

			West-Ost-Split		
			West	Ost	Gesamt
Links-Rechts-Selbsteinstufung	links	Anzahl	22	26	48
		% von West-Ost-Split	1,0%	2,3%	1,4%
	2	Anzahl	76	62	138
		% von West-Ost-Split	3,4%	5,6%	4,1%
	3	Anzahl	267	165	432
		% von West-Ost-Split	12,0%	14,9%	12,9%
	4	Anzahl	264	195	459
		% von West-Ost-Split	11,8%	17,6%	13,8%
	5	Anzahl	366	195	561
		% von West-Ost-Split	16,4%	17,6%	16,8%
	6	Anzahl	485	215	700
		% von West-Ost-Split	21,7%	19,4%	21,0%
	7	Anzahl	178	57	235
		% von West-Ost-Split	8,0%	5,1%	7,0%
	8	Anzahl	149	44	193
		% von West-Ost-Split	6,7%	4,0%	5,8%
	9	Anzahl	94	30	124
		% von West-Ost-Split	4,2%	2,7%	3,7%
	10	Anzahl	35	9	44
		% von West-Ost-Split	1,6%	,8%	1,3%
	rechts	Anzahl	27	9	36
		% von West-Ost-Split	1,2%	,8%	1,1%
	weiß nicht	Anzahl	194	59	253
		% von West-Ost-Split	8,7%	5,3%	7,6%
	verweigert	Anzahl	73	41	114
		% von West-Ost-Split	3,3%	3,7%	3,4%
Gesamt		Anzahl	2230	1107	3337
		% von West-Ost-Split	100,0%	100,0%	100,0%

Anm.: Die Werte 1 bis 4 wurden zu 1 (Links), die Werte 5 bis 7 zu 2 (Mitte) und die Werte 8 bis 11 zu 3 (Rechts) zusammengefaßt; die Werte „weiß nicht" und „verweigert" wurden in der Analyse als *missing-value* codiert

Quelle: DFG 1998, West und Ost, Vor- und Nachwahl; eigene Berechnung mit SPSS für Windows 8.0

Tabelle A 22:   **Demokratiezufriedenheit**

DFG 1998, West und Ost, Vor- und Nachwahl: „Wie zufrieden oder unzufrieden sind Sie
– alles in allem - mit der Demokratie, so wie sie in Deutschland besteht?"

Antwortvorgaben: (1) sehr zufrieden, (2) ziemlich zufrieden, (3) teils zufrieden/teils unzufrieden, (4) ziemlich unzufrieden, (5) sehr unzufrieden

			West-Ost-Split		
			West	Ost	Gesamt
Demokratiezufriedenheit	sehr zufrieden	Anzahl	249	45	294
		% von West-Ost-Split	11,2%	4,1%	8,8%
	ziemlich zufrieden	Anzahl	901	285	1186
		% von West-Ost-Split	40,4%	25,7%	35,5%
	teils/teils	Anzahl	787	475	1262
		% von West-Ost-Split	35,3%	42,9%	37,8%
	ziemlich unzufrieden	Anzahl	202	230	432
		% von West-Ost-Split	9,1%	20,8%	12,9%
	sehr unzufrieden	Anzahl	73	61	134
		% von West-Ost-Split	3,3%	5,5%	4,0%
	weiß nicht	Anzahl	13	9	22
		% von West-Ost-Split	,6%	,8%	,7%
	verweigert	Anzahl	5	2	7
		% von West-Ost-Split	,2%	,2%	,2%
Gesamt		Anzahl	2230	1107	3337
		% von West-Ost-Split	100,0%	100,0%	100,0%

Anm.: Die Werte „weiß nicht" und „verweigert" wurden in der Analyse als *missing-value*
codiert

Quelle: DFG 1998, West und Ost, Vor- und Nachwahl; eigene Berechnung mit SPSS für
Windows 8.0

Tabelle A 23:   **Materialismus-Postmaterialismus-Index**

DFG 1998, West und Ost, Vor- und Nachwahl: „Auch in der Politik kann man nicht alles auf einmal haben. Auf dieser Liste finden Sie einige Ziele, die man in der Politik verfolgen kann. Wenn Sie zwischen diesen verschiedenen Zielen wählen müßten, welches Ziel erschiene Ihnen persönlich am wichtigsten?"

Antwortvorgaben: (1) Aufrechterhaltung von Ruhe und Ordnung in diesem Land, (2) Mehr Einfluß der Bürger auf die Entscheidungen der Regierung, (3) Kampf gegen die steigenden Preise, (4) Schutz des Rechts auf freie Meinungsäußerung

Konstruktion des Index: Die Befragten, die 1. und 3. angeben, werden als „Materialisten" definiert; diejenigen, die 2. und 4. angeben, als „Postmaterialisten"; „Mischtypen" weisen die restlichen Antwortkombinationen auf

| | | West-Ost-Split | | |
		West	Ost	Gesamt
Materialisten	Anzahl	495	315	810
	% von West-Ost-Split	22,2%	28,5%	24,3%
Mischtypen	Anzahl	1321	655	1976
	% von West-Ost-Split	59,2%	59,2%	59,2%
Postmaterialisten	Anzahl	384	129	513
	% von West-Ost-Split	17,2%	11,7%	15,4%
keine Angaben	Anzahl	30	8	38
	% von West-Ost-Split	1,3%	,7%	1,1%
Gesamt	Anzahl	2230	1107	3337
	% von West-Ost-Split	100,0%	100,0%	100,0%

Anm.: Der Wert „keine Angaben" wurde in der Analyse als *missing-value* codiert

Quelle: DFG 1998, West und Ost, Vor- und Nachwahl; eigene Berechnung mit SPSS für Windows 8.0

Tabelle A 24:   **Zufriedenheit mit Bundesregierung**

DFG 1998, West und Ost, Vor- und Nachwahl: „Sind Sie mit den Leistungen der Bundesregierung (CDU/CSU-F.D.P.) in Bonn eher zufrieden oder eher unzufrieden?"

Antwortvorgaben: Skala von –5 (1: vollständig unzufrieden) bis +5 (11: voll und ganz zufrieden)

		West-Ost-Split		
		West	Ost	Gesamt
vollständig unzufrieden	Anzahl	184	100	284
	% von West-Ost-Split	8,3%	9,0%	8,5%
2	Anzahl	188	131	319
	% von West-Ost-Split	8,4%	11,8%	9,6%
3	Anzahl	313	145	458
	% von West-Ost-Split	14,0%	13,1%	13,7%
4	Anzahl	237	131	368
	% von West-Ost-Split	10,6%	11,8%	11,0%
5	Anzahl	137	88	225
	% von West-Ost-Split	6,1%	7,9%	6,7%
6	Anzahl	189	119	308
	% von West-Ost-Split	8,5%	10,7%	9,2%
7	Anzahl	215	107	322
	% von West-Ost-Split	9,6%	9,7%	9,6%
8	Anzahl	254	99	353
	% von West-Ost-Split	11,4%	8,9%	10,6%
9	Anzahl	270	95	365
	% von West-Ost-Split	12,1%	8,6%	10,9%
10	Anzahl	134	51	185
	% von West-Ost-Split	6,0%	4,6%	5,5%
voll und ganz zufrieden	Anzahl	52	12	64
	% von West-Ost-Split	2,3%	1,1%	1,9%
weiß nicht	Anzahl	37	16	53
	% von West-Ost-Split	1,7%	1,4%	1,6%
verweigert	Anzahl	20	13	33
	% von West-Ost-Split	,9%	1,2%	1,0%
Gesamt	Anzahl	2230	1107	3337
	% von West-Ost-Split	100,0%	100,0%	100,0%

Anm.: Die Werte „weiß nicht" und „verweigert" wurden in der Analyse als *missing-value* codiert

Quelle: DFG 1998, West und Ost, Vor- und Nachwahl; eigene Berechnung mit SPSS für Windows 8.0

Tabelle A 25:   Kanzlerpräferenz

DFG 1998, West und Ost, Vor- und Nachwahl: „Nun wüßte ich gerne folgendes von Ihnen: Helmut Kohl und Gerhard Schröder sind ja die Kanzlerkandidaten der beiden großen Parteien. Welchen von beiden hätten Sie nach der Bundestagswahl lieber als Bundeskanzler?"

Antwortvorgaben: (1) Helmut Kohl, (2) Gerhard Schröder, (3) keinen von beiden

| | | West-Ost-Split | | |
		West	Ost	Gesamt
Kohl	Anzahl	634	271	905
	% von West-Ost-Split	28,4%	24,5%	27,1%
Schröder	Anzahl	1069	505	1574
	% von West-Ost-Split	47,9%	45,6%	47,2%
keinen von beiden	Anzahl	376	259	635
	% von West-Ost-Split	16,9%	23,4%	19,0%
weiß nicht	Anzahl	93	55	148
	% von West-Ost-Split	4,2%	5,0%	4,4%
verweigert	Anzahl	58	17	75
	% von West-Ost-Split	2,6%	1,5%	2,2%
Gesamt	Anzahl	2230	1107	3337
	% von West-Ost-Split	100,0%	100,0%	100,0%

Anm.: Die Werte „weiß nicht" und „verweigert" wurden in der Analyse als *missing-value*
codiert; in der Analyse wurde die Variable dichotomisiert in (0) keine Präferenz Kohl oder
Schröder, (1) Präferenz Kohl oder Schröder

Quelle: DFG 1998, West und Ost, Vor- und Nachwahl; eigene Berechnung mit SPSS für
Windows 8.0

Tabelle A 26:   Index External Political Efficacy / Polit. Responsivität

DFG 1998, West und Ost, Vor- und Nachwahl: Additiver Index, gebildet aus den Antworten der folgenden Fragen (Frage 1 recodiert; Summe dividiert durch drei und gerundet):

„Ich lese Ihnen jetzt einige Aussagen über die Parteien in Deutschland vor. Bitte sagen Sie mir zu jeder Aussage anhand dieser Skala von - 2 bis + 2, ob sie Ihrer Meinung nach zutrifft oder nicht:

• Die Parteien wollen nur die Stimmen der Wähler, ihre Ansichten interessieren sie nicht"

„Wir haben hier eine Reihe von häufig gehörten Meinungen über die Politik und die Gesellschaft zusammengestellt. Sagen Sie mir bitte, ob Sie diesen Meinungen zustimmen oder nicht:

• Politiker kümmern sich darum, was einfache Leute denken

• Die Bundestagsabgeordneten bemühen sich um einen engen Kontakt zur Bevölkerung"

Antwortvorgaben: (1) stimme überhaupt nicht zu, (2) stimme eher nicht zu, (3) stimme teils zu / teils nicht zu, (4) stimme eher zu, (5) stimme voll und ganz zu

| | | West-Ost-Split | | |
		West	Ost	Gesamt
geringe external efficacy	Anzahl	375	206	581
	% von West-Ost-Split	17,5%	19,8%	18,3%
2	Anzahl	838	435	1273
	% von West-Ost-Split	39,2%	41,8%	40,0%
3	Anzahl	740	345	1085
	% von West-Ost-Split	34,6%	33,1%	34,1%
4	Anzahl	175	53	223
	% von West-Ost-Split	8,2%	5,1%	7,2%
hohe external efficacy	Anzahl	11	2	13
	% von West-Ost-Split	,5%	,2%	,4%
Gesamt	Anzahl	2139	1041	3180
	% von West-Ost-Split	100,0%	100,0%	100,0%

Quelle: DFG 1998, West und Ost, Vor- und Nachwahl; eigene Berechnung mit SPSS für Windows 8.0

Tabelle A 27: **Index Politiker- und Parteienbewertung, positive Items**

DFG 1998, West und Ost, Vor- und Nachwahl: Additiver Index, gebildet aus den Antworten der folgenden Fragen (Summe dividiert durch vier und gerundet):

„Ich lese Ihnen jetzt einige Aussagen über die Parteien in Deutschland vor. Bitte sagen Sie mir zu jeder Aussage anhand dieser Skala von - 2 bis + 2, ob sie Ihrer Meinung nach zutrifft oder nicht:

- Die meisten Parteipolitiker sind vertrauenswürdige und ehrliche Menschen
- Auch einfachen Parteimitgliedern ist es möglich, ihre Vorstellungen in den Parteien einzubringen
- Die Parteien unterscheiden sich in ihren Zielen so sehr, daß der Bürger klare Alternativen hat
- Ohne Berufspolitiker in den Parteien würde unser Land schlechter regiert werden"

Antwortvorgaben: (1) stimme überhaupt nicht zu, (2) stimme eher nicht zu, (3) stimme teils zu / teils nicht zu, (4) stimme eher zu, (5) stimme voll und ganz zu

			West-Ost-Split		
			West	Ost	Gesamt
negative Bewertung		Anzahl	35	17	52
		% von West-Ost-Split	1,8%	2,0%	1,9%
2		Anzahl	326	149	475
		% von West-Ost-Split	17,1%	17,9%	17,4%
3		Anzahl	963	429	1392
		% von West-Ost-Split	50,6%	51,6%	50,9%
4		Anzahl	515	212	727
		% von West-Ost-Split	27,1%	25,5%	26,6%
positive Bewertung		Anzahl	63	24	87
		% von West-Ost-Split	3,3%	2,9%	3,2%
Gesamt		Anzahl	1902	831	2733
		% von West-Ost-Split	100,0%	100,0%	100,0%

Quelle: DFG 1998, West und Ost, Vor- und Nachwahl; eigene Berechnung mit SPSS für Windows 8.0

Tabelle A 28: Index Politiker- und Parteienbewertung, negative Items

DFG 1998, West und Ost, Vor- und Nachwahl: Additiver Index, gebildet aus den Antworten der folgenden Fragen (recodiert; Summe dividiert durch sechs und gerundet):

„Ich lese Ihnen jetzt einige Aussagen über die Parteien in Deutschland vor. Bitte sagen Sie mir zu jeder Aussage anhand dieser Skala von - 2 bis + 2, ob sie Ihrer Meinung nach zutrifft oder nicht:

- Die Parteien wollen nur die Stimmen der Wähler, ihre Ansichten interessieren sie nicht
- Die Parteien betrachten den Staat als Selbstbedienungsladen
- Ohne gute Beziehungen zu den Parteien kann der Bürger heute überhaupt nichts mehr erreichen
- Den Parteien geht es nur um die Macht
- Die Parteien üben in der Gesellschaft zuviel Einfluß aus
- Die meisten Parteien und Politiker sind korrupt

Antwortvorgaben: (1) stimme überhaupt nicht zu, (2) stimme eher nicht zu, (3) stimme teils zu / teils nicht zu, (4) stimme eher zu, (5) stimme voll und ganz zu

		West-Ost-Split		
		West	Ost	Gesamt
negative Bewertung	Anzahl	101	62	163
	% von West-Ost-Split	5,2%	7,2%	5,8%
2	Anzahl	726	411	1137
	% von West-Ost-Split	37,1%	47,5%	40,3%
3	Anzahl	870	319	1189
	% von West-Ost-Split	44,5%	36,9%	42,1%
4	Anzahl	245	71	316
	% von West-Ost-Split	12,5%	8,2%	11,2%
positive Bewertung	Anzahl	14	2	16
	% von West-Ost-Split	,7%	,2%	,6%
Gesamt	Anzahl	1956	865	2821
	% von West-Ost-Split	100,0%	100,0%	100,0%

Quelle: DFG 1998, West und Ost, Vor- und Nachwahl; eigene Berechnung mit SPSS für Windows 8.0

Tabelle A 29:   **Interesse an Politik**

DFG 1998, West und Ost, Vor- und Nachwahl: „Wie stark interessieren Sie sich für Politik?"

Antwortvorgaben: (1) sehr stark, (2) ziemlich stark, (3) mittelmäßig, (4) weniger stark, (5) überhaupt nicht

			West-Ost-Split		
			West	Ost	Gesamt
Stärke	sehr stark	Anzahl	190	77	267
Politikinteresse		% von West-Ost-Split	8,5%	7,0%	8,0%
	ziemlich stark	Anzahl	456	236	692
		% von West-Ost-Split	20,4%	21,3%	20,7%
	mittelmäßig	Anzahl	971	443	1414
		% von West-Ost-Split	43,5%	40,0%	42,4%
	weniger stark	Anzahl	400	257	657
		% von West-Ost-Split	17,9%	23,2%	19,7%
	überhaupt nicht	Anzahl	200	90	290
		% von West-Ost-Split	9,0%	8,1%	8,7%
	weiß nicht	Anzahl	12	2	14
		% von West-Ost-Split	,5%	,2%	,4%
	verweigert	Anzahl	1	2	3
		% von West-Ost-Split	,0%	,2%	,1%
Gesamt		Anzahl	2230	1107	3337
		% von West-Ost-Split	100,0%	100,0%	100,0%

Anm.: Die Werte „weiß nicht" und „verweigert" wurden in der Analyse als *missing-value* codiert

Quelle: DFG 1998, West und Ost, Vor- und Nachwahl; eigene Berechnung mit SPSS für Windows 8.0

Tabelle A 30:   **Index Internal Political Efficacy / Politische Kompetenz**

DFG 1998, West und Ost, Vor- und Nachwahl: Additiver Index, gebildet aus den Antworten der folgenden Fragen (Fragen 1 und 2 recodiert; Summe dividiert durch vier und gerundet):

„Wir haben hier eine Reihe von häufig gehörten Meinungen über die Politik und die Gesellschaft zusammengestellt. Sagen Sie mir bitte, ob Sie diesen Meinungen zustimmen oder nicht:

• Leute wie ich haben keinen Einfluß auf die Regierung.

• Die ganze Politik ist so kompliziert, daß jemand wie ich nicht versteht was vorgeht.

• Ich traue mir zu, in einer Gruppe, die sich mit politischen Fragen befaßt, eine aktive Rolle zu übernehmen.

• Wichtige politische Fragen kann ich gut verstehen und einschätzen."

Antwortvorgaben: (1) stimme überhaupt nicht zu, (2) stimme eher nicht zu, (3) stimme teils zu / teils nicht zu, (4) stimme eher zu, (5) stimme voll und ganz zu

		West-Ost-Split		
		West	Ost	Gesamt
geringe politische Kompetenz	Anzahl	80	53	133
	% von West-Ost-Split	3,8%	5,1%	4,2%
2	Anzahl	349	280	629
	% von West-Ost-Split	16,4%	26,7%	19,8%
3	Anzahl	909	459	1368
	% von West-Ost-Split	42,8%	43,8%	43,1%
4	Anzahl	672	231	903
	% von West-Ost-Split	31,6%	22,1%	28,5%
hohe politische Kompetenz	Anzahl	116	24	140
	% von West-Ost-Split	5,5%	2,3%	4,4%
Gesamt	Anzahl	2126	1047	3173
	% von West-Ost-Split	100,0%	100,0%	100,0%

Quelle: DFG 1998, West und Ost, Vor- und Nachwahl; eigene Berechnung mit SPSS für Windows 8.0

Tabelle A 31:   Teilnahme an Bundestagswahl 1998; Vorwahl

DFG 1998, West und Ost, Vorwahl: „Bei dieser kommenden Bundestagswahl: Werden Sie da bestimmt zur Wahl gehen, wahrscheinlich zur Wahl gehen, vielleicht zur Wahl gehen, wahrscheinlich nicht oder bestimmt nicht zur Wahl gehen?"

Antwortvorgaben: (1) werde bestimmt zur Wahl gehen, (2) werde wahrscheinlich zur Wahl gehen, (3) werde vielleicht zur Wahl gehen, (4) werde wahrscheinlich nicht zur Wahl ge- hen, (5) werde bestimmt nicht zur Wahl gehen

			West-Ost-Split		
			West	Ost	Gesamt
	bestimmt	Anzahl	932	421	1353
		% von West-Ost-Split	86,2%	81,3%	84,6%
	wahrscheinlich	Anzahl	77	56	133
		% von West-Ost-Split	7,1%	10,8%	8,3%
	vielleicht	Anzahl	21	10	31
		% von West-Ost-Split	1,9%	1,9%	1,9%
	wahrscheinlich nicht	Anzahl	11	8	19
		% von West-Ost-Split	1,0%	1,5%	1,2%
	bestimmt nicht	Anzahl	22	7	29
		% von West-Ost-Split	2,0%	1,4%	1,8%
	weiß nicht	Anzahl	10	12	22
		% von West-Ost-Split	,9%	2,3%	1,4%
	verweigert	Anzahl	8	4	12
		% von West-Ost-Split	,7%	,8%	,8%
Gesamt		Anzahl	1081	518	1599
		% von West-Ost-Split	100,0%	100,0%	100,0%

Anm.: Die Werte „weiß noch nicht" und „verweigert" wurden in der Analyse als *missing-value* codiert

Quelle: DFG 1998, West und Ost, Vorwahl; eigene Berechnung mit SPSS für Windows 8.0

Tabelle A 32:   Teilnahme an Bundestagswahl 1998

DFG 1998, West und Ost, Nachwahl: „Am 27. September war Bundestagswahl. Wie haben Sie bei dieser Bundestagswahl gewählt. Im Wahllokal oder per Briefwahl? Oder waren Sie nicht wahlberechtigt oder haben aus anderen Gründen nicht gewählt?"

Antwortvorgaben: (1) habe im Wahllokal gewählt, (2) habe per Briefwahl gewählt, (3) war nicht wahlberechtigt, (4) habe aus anderen Gründen nicht gewählt

| | | | West-Ost-Split | | |
			West	Ost	Gesamt
im Wahllokal		Anzahl	874	466	1340
		% von West-Ost-Split	77,8%	80,3%	78,6%
Briefwahl		Anzahl	130	52	182
		% von West-Ost-Split	11,6%	9,0%	10,7%
nicht wahlberechtigt		Anzahl	29	17	46
		% von West-Ost-Split	2,6%	2,9%	2,7%
habe nicht gewählt		Anzahl	85	43	128
		% von West-Ost-Split	7,6%	7,4%	7,5%
verweigert		Anzahl	6	2	8
		% von West-Ost-Split	,5%	,3%	,5%
Gesamt		Anzahl	1124	580	1704
		% von West-Ost-Split	100,0%	100,0%	100,0%

Anm.: Die Werte „nicht wahlberechtigt", „weiß nicht" und „verweigert" wurden in der Analyse als *missing-value* codiert; „im Wahllokal" und „Briefwahl" zusammengefaßt zu „habe gewählt"

Quelle: DFG 1998, West und Ost, Nachwahl; eigene Berechnung mit SPSS für Windows 8.0

Tabelle A 33:   Mitgliedschaft Bürgerinitiative

DFG 1998, West und Ost, Vor- und Nachwahl: „Sind Sie persönlich in einer Bürgerinitiative, in einer Partei, in einer Berufsvereinigung oder einer Gewerkschaft? Und falls ja, haben Sie dort ein Amt?"

Antwortvorgaben: (1) nein kein Mitglied, (2) ja Mitglied, kein Amt, (3) ja, Mitglied und Amt

| | | West-Ost-Split | | Gesamt |
		West	Ost	
kein Mitglied	Anzahl	2153	1071	3224
	% von West-Ost-Split	96,5%	96,7%	96,6%
Mitglied o. Amt	Anzahl	45	24	69
	% von West-Ost-Split	2,0%	2,2%	2,1%
Mitglied mit Amt	Anzahl	9	3	12
	% von West-Ost-Split	,4%	,3%	,4%
verweigert	Anzahl	23	9	32
	% von West-Ost-Split	1,0%	,8%	1,0%
Gesamt	Anzahl	2230	1107	3337
	% von West-Ost-Split	100,0%	100,0%	100,0%

Anm.: Die Werte „weiß nicht" und „verweigert" wurden in der Analyse als *missing-value* codiert; des weiteren wurde die Variable in den Regressionsanalysen dichotomisiert in (0) kein Mitglied, (1) Mitglied

Quelle: DFG 1998, West und Ost, Vor- und Nachwahl; eigene Berechnung mit SPSS für Windows 8.0

Tabelle A 34: **Mitgliedschaft Partei**

DFG 1998, West und Ost, Vor- und Nachwahl: „Sind Sie persönlich in einer Bürgerinitiative, in einer Partei, in einer Berufsvereinigung oder einer Gewerkschaft? Und falls ja, haben Sie dort ein Amt?"

Antwortvorgaben: (1) nein kein Mitglied, (2) ja Mitglied, kein Amt, (3) ja, Mitglied und Amt

			West-Ost-Split		
			West	Ost	Gesamt
kein Mitglied		Anzahl	2084	1047	3131
		% von West-Ost-Split	93,5%	94,6%	93,8%
Mitglied o. Amt		Anzahl	89	43	132
		% von West-Ost-Split	4,0%	3,9%	4,0%
Mitglied mit Amt		Anzahl	34	6	40
		% von West-Ost-Split	1,5%	,5%	1,2%
weiß nicht		Anzahl		1	1
		% von West-Ost-Split		,1%	,0%
verweigert		Anzahl	23	10	33
		% von West-Ost-Split	1,0%	,9%	1,0%
Gesamt		Anzahl	2230	1107	3337
		% von West-Ost-Split	100,0%	100,0%	100,0%

Anm.: Die Werte „weiß nicht" und „verweigert" wurden in der Analyse als *missing-value* codiert; des weiteren wurde die Variable in den Regressionsanalysen dichotomisiert in (0) kein Mitglied, (1) Mitglied

Quelle: DFG 1998, West und Ost, Vor- und Nachwahl; eigene Berechnung mit SPSS für Windows 8.0

Tabelle A 35:   Mitgliedschaft Berufsvereinigung

DFG 1998, West und Ost, Vor- und Nachwahl: „Sind Sie persönlich in einer Bürgerinitiative, in einer Partei, in einer Berufsvereinigung oder einer Gewerkschaft? Und falls ja, haben Sie dort ein Amt?"

Antwortvorgaben: (1) nein kein Mitglied, (2) ja Mitglied, kein Amt, (3) ja, Mitglied und Amt

		West-Ost-Split		
		West	Ost	Gesamt
kein Mitglied	Anzahl	2069	1066	3135
	% von West-Ost-Split	92,8%	96,3%	93,9%
Mitglied o. Amt	Anzahl	122	28	150
	% von West-Ost-Split	5,5%	2,5%	4,5%
Mitglied mit Amt	Anzahl	17	3	20
	% von West-Ost-Split	,8%	,3%	,6%
verweigert	Anzahl	22	10	32
	% von West-Ost-Split	1,0%	,9%	1,0%
Gesamt	Anzahl	2230	1107	3337
	% von West-Ost-Split	100,0%	100,0%	100,0%

Anm.: Die Werte „weiß nicht" und „verweigert" wurden in der Analyse als *missing-value* codiert; des weiteren wurde die Variable in den Regressionsanalysen dichotomisiert in (0) kein Mitglied, (1) Mitglied

Quelle: DFG 1998, West und Ost, Vor- und Nachwahl; eigene Berechnung mit SPSS für Windows 8.0

Tabelle A 36:   Mitgliedschaft Gewerkschaft

DFG 1998, West und Ost, Vor- und Nachwahl: „Sind Sie persönlich in einer Bürgerinitia-tive, in einer Partei, in einer Berufsvereinigung oder einer Gewerkschaft? Und falls ja, haben Sie dort ein Amt?"

Antwortvorgaben: (1) nein kein Mitglied, (2) ja Mitglied, kein Amt, (3) ja, Mitglied und Amt

		West-Ost-Split		Gesamt
		West	Ost	
kein Mitglied	Anzahl	1915	975	2890
	% von West-Ost-Split	85,9%	88,1%	86,6%
Mitglied o. Amt	Anzahl	268	123	391
	% von West-Ost-Split	12,0%	11,1%	11,7%
Mitglied mit Amt	Anzahl	27	3	30
	% von West-Ost-Split	1,2%	,3%	,9%
verweigert	Anzahl	20	6	26
	% von West-Ost-Split	,9%	,5%	,8%
Gesamt	Anzahl	2230	1107	3337
	% von West-Ost-Split	100,0%	100,0%	100,0%

Anm.: Die Werte „weiß nicht" und „verweigert" wurden in der Analyse als *missing-value* codiert; des weiteren wurde die Variable in den Regressionsanalysen dichotomisiert in (0) kein Mitglied, (1) Mitglied

Quelle: DFG 1998, West und Ost, Vor- und Nachwahl; eigene Berechnung mit SPSS für Windows 8.0

Tabelle A 37:   **Medienkonsum BILD-Zeitung**

DFG 1998, West und Ost, Vor- und Nachwahl: „An wie vielen Tagen in der Woche lesen Sie im Durchschnitt die Berichte über das politische Geschehen in Deutschland in der BILD-Zeitung?"

		West-Ost-Split		
		West	Ost	Gesamt
gar nicht	Anzahl	1633	803	2436
	% von West-Ost-Split	73,2%	72,5%	73,0%
an 1 Tag	Anzahl	86	64	150
	% von West-Ost-Split	3,9%	5,8%	4,5%
an 2 Tagen	Anzahl	99	71	170
	% von West-Ost-Split	4,4%	6,4%	5,1%
an 3 Tagen	Anzahl	90	36	126
	% von West-Ost-Split	4,0%	3,3%	3,8%
an 4 Tagen	Anzahl	59	17	76
	% von West-Ost-Split	2,6%	1,5%	2,3%
an 5 Tagen	Anzahl	62	24	86
	% von West-Ost-Split	2,8%	2,2%	2,6%
an 6 Tagen	Anzahl	137	50	187
	% von West-Ost-Split	6,1%	4,5%	5,6%
an 7 Tagen	Anzahl	40	36	76
	% von West-Ost-Split	1,8%	3,3%	2,3%
weiß nicht	Anzahl	21	4	25
	% von West-Ost-Split	,9%	,4%	,7%
verweigert	Anzahl	3	2	5
	% von West-Ost-Split	,1%	,2%	,1%
Gesamt	Anzahl	2230	1107	3337
	% von West-Ost-Split	100,0%	100,0%	100,0%

Anm.: Die Werte „weiß nicht" und „verweigert" wurden in der Analyse als *missing-value* codiert

Quelle: DFG 1998, West und Ost, Vor- und Nachwahl; eigene Berechnung mit SPSS für Windows 8.0

Tabelle A 38: **Medienkonsum überregionale Zeitungen**

DFG 1998, West und Ost, Vor- und Nachwahl: „An wie vielen Tagen in der Woche lesen Sie im Durchschnitt die Berichte über das politische Geschehen in Deutschland in einer dieser überregionalen Zeitungen hier auf der Liste?"

| | | West-Ost-Split | | |
		West	Ost	Gesamt
gar nicht	Anzahl	1512	895	2407
	% von West-Ost-Split	67,8%	80,8%	72,1%
an 1 Tag	Anzahl	187	44	231
	% von West-Ost-Split	8,4%	4,0%	6,9%
an 2 Tagen	Anzahl	147	44	191
	% von West-Ost-Split	6,6%	4,0%	5,7%
an 3 Tagen	Anzahl	83	21	104
	% von West-Ost-Split	3,7%	1,9%	3,1%
an 4 Tagen	Anzahl	43	8	51
	% von West-Ost-Split	1,9%	,7%	1,5%
an 5 Tagen	Anzahl	44	6	50
	% von West-Ost-Split	2,0%	,5%	1,5%
an 6 Tagen	Anzahl	136	63	199
	% von West-Ost-Split	6,1%	5,7%	6,0%
an 7 Tagen	Anzahl	46	19	65
	% von West-Ost-Split	2,1%	1,7%	1,9%
weiß nicht	Anzahl	30	5	35
	% von West-Ost-Split	1,3%	,5%	1,0%
verweigert	Anzahl	2	2	4
	% von West-Ost-Split	,1%	,2%	,1%
Gesamt	Anzahl	2230	1107	3337
	% von West-Ost-Split	100,0%	100,0%	100,0%

Anm.: Die Werte „weiß nicht" und „verweigert" wurden in der Analyse als *missing-value* codiert

Quelle: DFG 1998, West und Ost, Vor- und Nachwahl; eigene Berechnung mit SPSS für Windows 8.0

Tabelle A 39:   Medienkonsum lokale oder regionale Tageszeitung

DFG 1998, West und Ost, Vor- und Nachwahl: „An wie vielen Tagen in der Woche lesen Sie im Durchschnitt die Berichte über das politische Geschehen in Deutschland in einer lokalen oder regionalen Zeitung?"

| | | West-Ost-Split | | |
		West	Ost	Gesamt
gar nicht	Anzahl	406	149	555
	% von West-Ost-Split	18,2%	13,5%	16,6%
an 1 Tag	Anzahl	116	40	156
	% von West-Ost-Split	5,2%	3,6%	4,7%
an 2 Tagen	Anzahl	175	57	232
	% von West-Ost-Split	7,8%	5,1%	7,0%
an 3 Tagen	Anzahl	155	81	236
	% von West-Ost-Split	7,0%	7,3%	7,1%
an 4 Tagen	Anzahl	118	54	172
	% von West-Ost-Split	5,3%	4,9%	5,2%
an 5 Tagen	Anzahl	139	42	181
	% von West-Ost-Split	6,2%	3,8%	5,4%
an 6 Tagen	Anzahl	908	553	1461
	% von West-Ost-Split	40,7%	50,0%	43,8%
an 7 Tagen	Anzahl	195	123	318
	% von West-Ost-Split	8,7%	11,1%	9,5%
weiß nicht	Anzahl	17	6	23
	% von West-Ost-Split	,8%	,5%	,7%
verweigert	Anzahl	1	2	3
	% von West-Ost-Split	,0%	,2%	,1%
Gesamt	Anzahl	2230	1107	3337
	% von West-Ost-Split	100,0%	100,0%	100,0%

Anm.: Die Werte „weiß nicht" und „verweigert" wurden in der Analyse als *missing-value* codiert

Quelle: DFG 1998, West und Ost, Vor- und Nachwahl; eigene Berechnung mit SPSS für Windows 8.0

Tabelle A 40:   **Medienkonsum**   **Nachrichtensendungen**   **Öffentlich-rechtliches Fernsehen**

DFG 1998, West und Ost, Vor- und Nachwahl: „Wie oft in der Woche sehen Sie sich Nachrichtensendungen im Ersten oder Zweiten Programm im Fernsehen an? Gemeint sind hier nur die Nachrichtensendungen von ARD oder ZDF, also Tagesschau, Tagesthemen, Heute und Heute-Journal. An wie vielen Tagen in der Woche sehen Sie im Durchschnitt diese Nachrichtensendungen an?"

| | | West-Ost-Split | | |
		West	Ost	Gesamt
gar nicht	Anzahl	177	126	303
	% von West-Ost-Split	7,9%	11,4%	9,1%
an 1 Tag	Anzahl	73	27	100
	% von West-Ost-Split	3,3%	2,4%	3,0%
an 2 Tagen	Anzahl	138	79	217
	% von West-Ost-Split	6,2%	7,1%	6,5%
an 3 Tagen	Anzahl	175	94	269
	% von West-Ost-Split	7,8%	8,5%	8,1%
an 4 Tagen	Anzahl	203	99	302
	% von West-Ost-Split	9,1%	8,9%	9,1%
an 5 Tagen	Anzahl	221	85	306
	% von West-Ost-Split	9,9%	7,7%	9,2%
an 6 Tagen	Anzahl	363	162	525
	% von West-Ost-Split	16,3%	14,6%	15,7%
an 7 Tagen	Anzahl	864	421	1285
	% von West-Ost-Split	38,7%	38,0%	38,5%
weiß nicht	Anzahl	15	10	25
	% von West-Ost-Split	,7%	,9%	,7%
verweigert	Anzahl	1	4	5
	% von West-Ost-Split	,0%	,4%	,1%
Gesamt	Anzahl	2230	1107	3337
	% von West-Ost-Split	100,0%	100,0%	100,0%

Anm.: Die Werte „weiß nicht" und „verweigert" wurden in der Analyse als *missing-value* codiert

Quelle: DFG 1998, West und Ost, Vor- und Nachwahl; eigene Berechnung mit SPSS für Windows 8.0

Tabelle A 41: Medienkonsum Nachrichtensendungen Privatfernsehen

DFG 1998, West und Ost, Vor- und Nachwahl: „Und wie ist es mit Nachrichtensendungen der privaten Fernsehender, z.B. SAT 1-Nachrichten oder RTL-Aktuell? An wie vielen Tagen in der Woche sehen Sie im Durchschnitt diese Nachrichtensendungen an?"

| | | West-Ost-Split | | |
		West	Ost	Gesamt
gar nicht	Anzahl	587	206	793
	% von West-Ost-Split	26,3%	18,6%	23,8%
an 1 Tag	Anzahl	165	50	215
	% von West-Ost-Split	7,4%	4,5%	6,4%
an 2 Tagen	Anzahl	328	164	492
	% von West-Ost-Split	14,7%	14,8%	14,7%
an 3 Tagen	Anzahl	327	117	444
	% von West-Ost-Split	14,7%	10,6%	13,3%
an 4 Tagen	Anzahl	213	99	312
	% von West-Ost-Split	9,6%	8,9%	9,3%
an 5 Tagen	Anzahl	144	75	219
	% von West-Ost-Split	6,5%	6,8%	6,6%
an 6 Tagen	Anzahl	146	112	258
	% von West-Ost-Split	6,5%	10,1%	7,7%
an 7 Tagen	Anzahl	289	263	552
	% von West-Ost-Split	13,0%	23,8%	16,5%
weiß nicht	Anzahl	30	18	48
	% von West-Ost-Split	1,3%	1,6%	1,4%
verweigert	Anzahl	1	3	4
	% von West-Ost-Split	,0%	,3%	,1%
Gesamt	Anzahl	2230	1107	3337
	% von West-Ost-Split	100,0%	100,0%	100,0%

Anm.: Die Werte „weiß nicht" und „verweigert" wurden in der Analyse als *missing-value* codiert

Quelle: DFG 1998, West und Ost, Vor- und Nachwahl; eigene Berechnung mit SPSS für Windows 8.0